世界高端文化珍藏图鉴大系

明心问道

佛珠

收藏与鉴赏

BEADS

玮 珏 编著

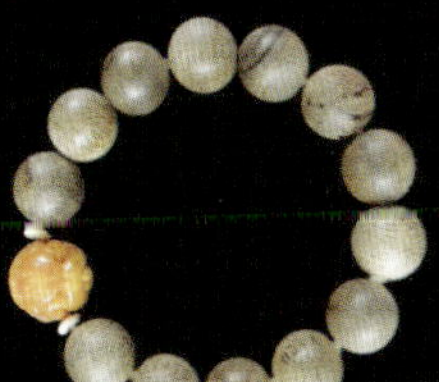
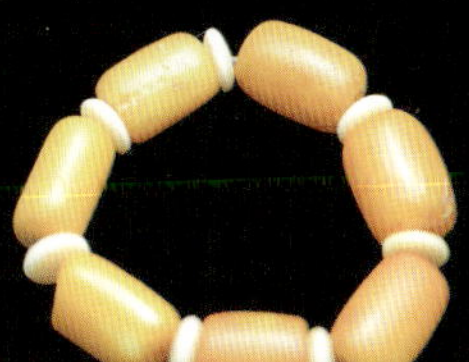

北京出版集团公司
北京美术摄影出版社

图书在版编目（CIP）数据

明心问道：佛珠收藏与鉴赏 / 玮珏编著. —北京：北京美术摄影出版社，2016. 1

ISBN 978-7-80501-875-1

Ⅰ. ①明… Ⅱ. ①玮… Ⅲ. ①佛教—手工艺品—收藏—中国②佛教—手工艺品—鉴赏—中国 Ⅳ. ①G894 ②J529

中国版本图书馆 CIP 数据核字（2015）第 234998 号

明心问道　佛珠收藏与鉴赏

MINGXIN WEN DAO　FOZHU SHOUCANG YU JIANSHANG

玮　珏　编著

*

北京出版集团公司
北京美术摄影出版社　出版

（北京北三环中路 6 号）

邮政编码：100120

网　　址：www.bph.com.cn

北京出版集团公司总发行

新　华　书　店　经　销

北京松源印刷有限公司印刷

*

787 毫米 ×1092 毫米　16 开本　16 印张　220 千字

2016 年 1 月第 1 版　2016 年 1 月第 1 次印刷

ISBN 978-7-80501-875-1

定价：99.00 元

质量监督电话：010-58572393

责任编辑电话：010-58572245

前言

提起佛珠，人们常常都会想到寺院中的僧侣和佛教的信徒。现在的佛珠使用者早已超过了过去的范围，不管是有佛教信仰的朋友，还是那些没有宗教信仰的朋友，都开始主动佩戴佛珠。时下，有许多年轻的男女也开始加入了佛珠佩戴者的行列，这从一个侧面说明了佛珠的流行——现代的佛珠已经成为了时尚的饰品。

虽然我们平时见到的佛珠种类并不多，但实际上佛珠的种类是非常丰富的，制作精良的佛珠不但能够给人美的享受，那些使用名贵材质制作的佛珠，还具有很高的投资和收藏价值。

很多朋友都想进行佛珠的收藏和投资，可是苦于没有相关的专业知识。在此编者要提醒各位朋友：佛珠的投资和收藏是有很多方面需要注意的，没有专

业的知识和相关的经验，贸然开始收藏肯定要吃亏。本书对各种类型的佛珠进行了详细的介绍，并着重对佛珠收藏和鉴赏方面进行了图文并茂的阐释。希望读者朋友们在阅读后能够增加对佛珠鉴赏和收藏的认知。

目录

佛珠的渊源和内涵

如来证涅，永断于生死。若有至心听，常得无量乐。因得此偈，世尊发大宏愿未来成佛。

佛珠的佛教渊源

佛珠也常被称作“念珠”，就是使用珠线把固定数量的珠粒串起来之后做成的佛教法器。当佛教徒念佛或者是持咒时，佛珠则被当作计数法器。另外，佛珠还有“数珠、珠数、诵珠、咒珠”的称呼。现在佛珠不单是佛教信众手中的主要法器，也受到了大众的欢迎和喜爱，成了人们最喜欢佩戴的饰物之一。

老金刚菩提子佛珠
隔珠：老南红玛瑙、老蜜蜡
隔片：老南红玛瑙、松石
佛头：老象牙
弟子珠：松石

老金刚菩提子佛珠（局部）

多宝佛珠

现在普遍认为佛教使用佛珠的最早时间在公元 2 世纪前后，时间晚于婆罗门教。尽管北传佛教中有关佛珠的记载并不少见，可是在南传佛教中并未发现佛珠的记载。研究表明，佛珠虽然现在成为了佛教徒常用的法器，可是佛珠却并非为佛教所创用。

佛珠典故

佛珠的起源在《佛说木槵子经》中有详细记载。传说佛陀率领弟子大比丘众在中印度摩揭陀国的首都东北侧的耆阇崛山进行修法，难国波流离王曾经派遣使者前往拜访并哀求佛陀："世尊！

我国边小，频岁寇贼，五谷勇贵，疾病流行，人民困苦，我恒不得安卧。如来法藏，多悉深广，我有忧务，不得修行。唯愿世尊，特垂慈悯，赐我要法，使我日夜易得修行，未来世中，远离众苦。”佛陀因此劝慰来拜的使者，有一种方法可以解除这些困扰：“若欲灭烦恼障报障者，当贯木槵子一百八，以常自随。若行若坐若卧，恒当至心无分散意。称佛陀达摩僧伽名，乃过一木槵子。如是渐次度木槵子，若十、若二十、若百、若千，乃至百千万。若能满二十万遍，身心不乱，无诸谄曲者，舍命得生第三焰天，衣食自然，常安乐行。若复能满一百万遍者，当得断除百八结业，始名背生死流，趣向泥洹，永断烦恼根，获无上果。”

沉香虎斑佛珠

使者听取了佛陀的开示，返回国都并把情况一一禀告了波流离王。王大喜，向着佛陀的方向顶礼膜拜：“大善！我当奉行。”随后便传出旨意，命令准备木槵子，并用木槵子制作出了 1000 多串佛珠，六亲国戚各拿一串，平时经常诵念佛经，即使公务再忙，也不会废止。

波流离王在听到佛陀的开示后，制作了佛珠并捻珠诵佛，消除困苦和烦恼。这大概是佛教使用佛珠最早的记载了。

松石佛珠

佛珠的宗教意义

诵经计数之法器

佛教徒平时诵经念佛最方便的法器便是佛珠，掐捻佛珠能够“引接普遍根机，牵课修业之具也”。我们都知道，佛教徒平时每诵读完毕一段经文，都会去掐捻一颗佛珠，如此周而复始，循环计数。

会心益智

佛珠除了拥有宗教的持咒计数功能外，对于诵经者的心理影响也是巨大的，念诵佛经的过程中，因为专注于修行，则可以集中精神，提升智慧，并最终找到自己的本心。

降龙罗汉手把件

凤眼菩提子佛珠

在佛教的意识当中，人世间纷繁复杂的困扰是无穷无尽的，每当一个人去诚心念佛或持咒，并随之掐捻佛珠，困扰便会随之消解。念佛的时候如果集中精神，便可以做到心灵清净，所以佛珠也常被称为“清心珠”。《金刚顶瑜伽念珠经》记载：“净虑思念心专注，念诸如来菩萨名，当获无量胜功德，所求胜愿皆成就。”另外，梦东禅师说：“清珠下于浊水，浊水不得不清；佛号投入乱心，乱心不得不佛。”唐代三藏法师玄奘曾经上表唐太宗，其中说道：“愿托虑于禅门，澄心于定心。制心猿之逸燥，系意马之奔驰。”因此，佛珠也被称为“拴马索”。佛珠能够遏制人们的妄念，增加定力，提升智慧，最终专注内心。

警醒内心

佛珠对于佛教徒的影响是很明显的，只要佛珠在手，便时刻提醒自己要注意反省，保持清醒平和的内心，并时刻持有佛教的慈悲为怀精神。佛教认为：“若复有人手持此菩提珠，不能依法念诵佛名及陀罗尼，但能手持随身，行住坐卧，所出言说，若善若恶，斯由此人以持菩提子故，所得功德，如念诸佛诵咒无异，获福无量。”（《佛说校量数珠功德经》大唐天竺三藏宝思惟译）

沉香佛珠

此外，佛珠还有一个谐音为“弗诛”。意思就是人们佩戴佛珠的时候不能随意诛杀生灵，生灵包括人类、动物、植物在内的所有拥有生命的事物。另外还要

紫檀桶珠佛珠

三瓣金刚菩提子佛珠
隔片：紫檀、松石
佛头：象牙
弟子珠：南红玛瑙

想办法来保护他们的生存利益，使得他们也能没有恐惧并安心地存活下去。从这个意义上来说，佛珠本身便是提醒人们行善积德的法器，可以时时刻刻提醒自己诸恶莫作，保持内心的纯净。

祈福禳灾和抚慰心灵

佛珠经常被人们认为是镇妖辟邪的神器，佛珠可以让人们在关键时刻保持镇静，并且躲开凶煞，最终消灾破劫。按照佛家的看法，那些佩戴佛珠的人都是“有善根”的人，是和佛有缘的人。

红缟玛瑙手串
隔珠：藏银

五瓣金刚菩提子佛珠
隔片：象牙、藏银
佛头：牦牛角

“结庐在人境，而无车马喧”。这种自在的境界固然让人们感到羡慕，当人们处于喧嚣嘈杂的都市中时，手持佛珠则可以让人们的心灵变得平静。当人们身处旅程之中时，掐捻佛珠不但可以让人们身心放松，而且还可起到调养筋经、舒展关节的作用。

工艺品蜜蜡佛珠

佛珠还常被人们挂在私家车里，这其实都是人们祈求幸福安康的心理期望。

有一些佛珠使用沉香、檀香、黄花梨、紫檀等材质制作而成，这些材质普遍带有香气，不但能净化空气，而且还可以让人心神宁静，有利于人们的身体健康。

佛珠和我国佛教的关系

佛珠是何时传入我国并最终为国人所熟识的呢？这个问题目前还无法考证，各方说法不一，有人认为，佛教是两汉时期从西域和海上丝绸之路传到我国的。根据历史记载：汉哀帝元寿元年（公元前 2 年），大月氏王使臣伊存口授《浮屠经》，佛教从此传入中原，但是佛珠是

七瓣金刚菩提子佛珠
隔珠：南红玛瑙
隔片：象牙
顶珠：南红玛瑙

否同时期传入中原尚不可考。魏晋南北朝时期，佛教在我国繁盛一时，这个时期从外国来华的僧侣人数众多。比如说当时的知名高僧佛图澄在洛阳，受到后赵君主石勒、石虎的敬重，广建寺庙；鸠摩罗什在长安，也被后秦君主姚兴尊为国师。这些高僧带领僧众翻译佛经并弘扬佛法，受到了当时士大夫阶层的崇敬。

后魏杨衒之在著作《洛阳伽蓝记》中记载道："时佛法经像，盛于洛阳，外国沙门，三千余人。"如此众多的来华僧侣，应该有携带佛珠进入中土的。此外，虽然《佛说木槵子经》译者的名字都已经失传了，但却附在《东晋经录》之中。我们可以因此断定国人知道佛珠的时间不会晚于东晋。此外，由唐代天竺僧人阿地瞿多翻译的《陀罗尼集经》、宝思惟翻译的《佛说校量数珠功德经》、不空三藏翻译的《金刚顶瑜伽念珠经》、义净三藏翻译的《曼殊室利咒藏中校量数珠功德经》等经典中都有对于佛珠的一些记载，这些经典都被广为传诵。

当时我们国家的历史记录中对于佛珠的记载是非常常见的。比方说《旧唐书·李辅国传》中记载："辅国不茹荤血，常为僧行，视事之隙，手持念珠，人皆信以为善。"《续高僧传·道绰传》里面也记录道："人各掐珠，口同佛号，每时散席，响弥林谷。"

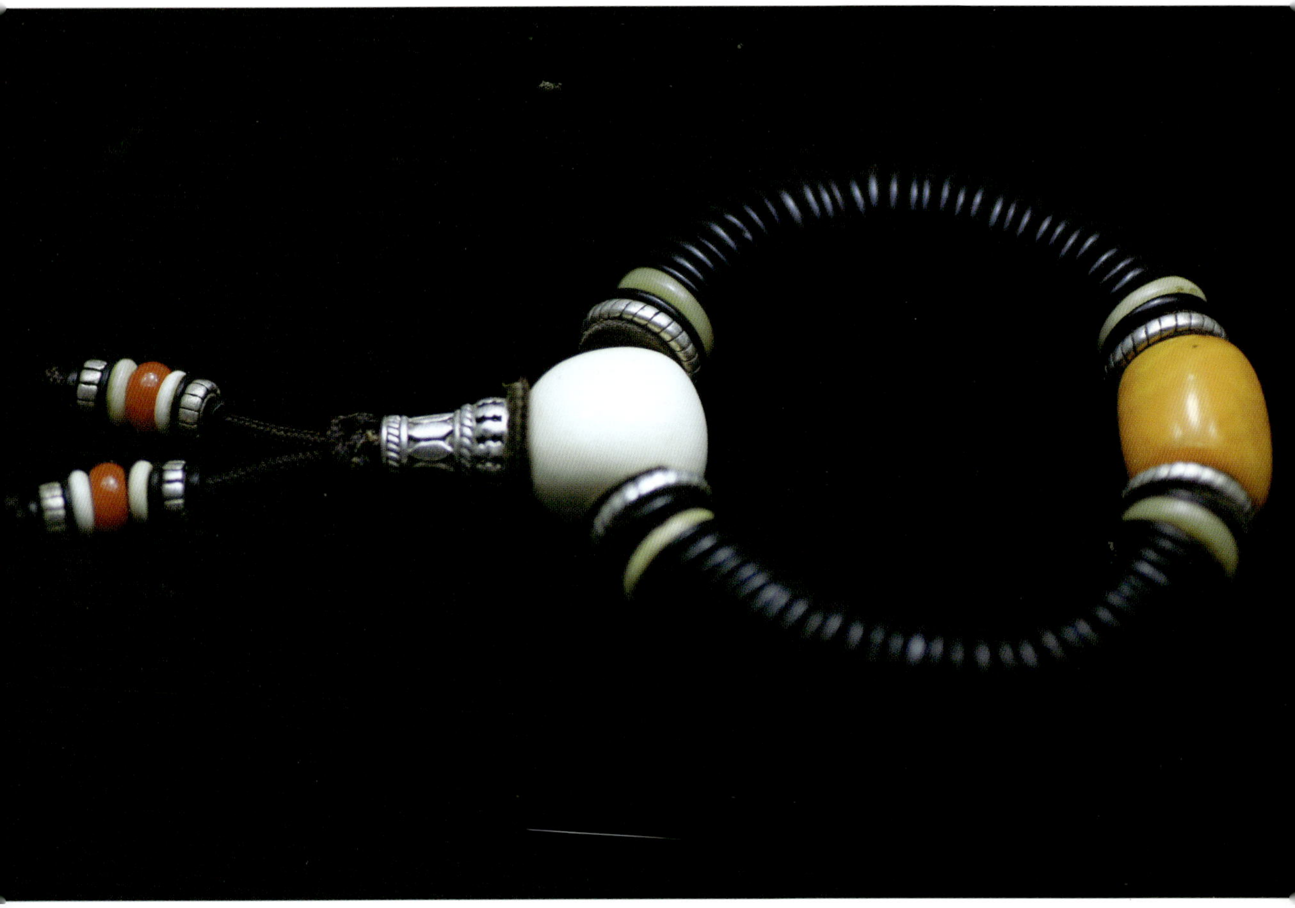

老椰壳佛珠
隔片：牦牛角
佛头：象牙
弟子珠：南红玛瑙
顶珠：蜜蜡

汝窑瓷器佛珠

佛珠的构成和类型

如来证涅，永断于生死。若有至心听，常得无量乐。因得此偈，世尊发大宏愿未来成佛。

佛珠的组成部分

每一串佛珠都是使用不同类型的珠子按照一定的顺序穿起，并制作完成的。佛珠的颗数不同，代表的含义也不同。佛珠的构成有讲究，不同形制的佛珠也有其独特的内涵。

每一串佛珠不管有多少颗珠子，都要使用珠线进行串联。《金刚顶瑜伽念珠经》中就曾经有记载："珠表菩萨之胜果，于中间绝为断漏，绳线贯串表观音，母珠以表无量数。"佛珠可以简单分为单组佛珠和复组佛珠两种不同的类型。单组佛珠一般都是利用一颗母珠和几颗规

藏传嘎巴拉佛珠

14颗
子珠
母珠
18颗
子珠
母珠
坠饰
弟子珠
记子留
108颗
隔珠
子珠
母珠
坠饰
弟子珠
记子留
子珠
母珠
隔珠
坠饰
坠饰
弟子珠
记子留

佛珠的组成

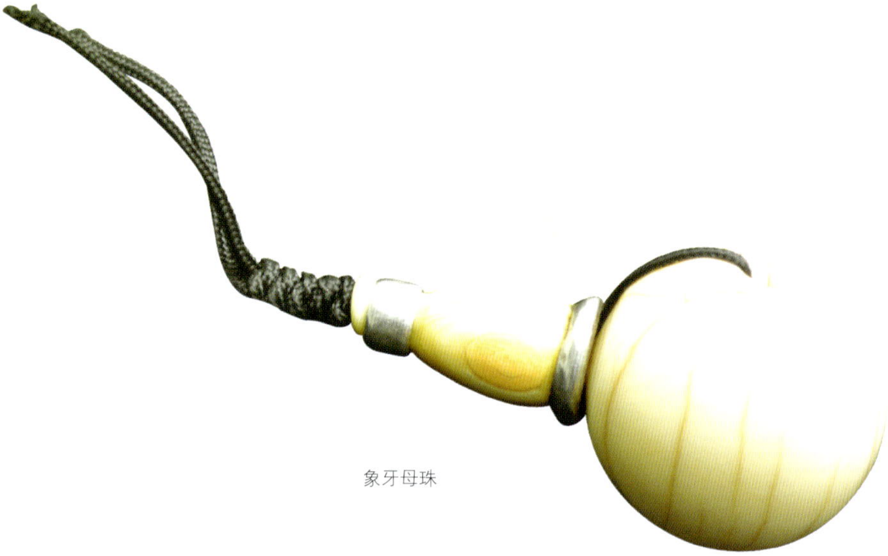

象牙母珠

格基本相同的子珠组合而成。复组佛珠则要复杂许多，通常情况下包括母珠、佛塔、子珠、隔珠、弟子珠、记子留、络绳和相应的饰物。

母珠还常被称为“达摩珠”，另外还有俗名“三通”。母珠一般位于起始或者终结的部位，母珠上面有 3 个孔，比其他的珠子要更大一些。一般母珠都是象征着无量的寿或修行圆满的佛果。母珠的作用是将不同数目的子珠归结到一起。当人们串编佛珠时，都是将珠线的两端从母珠贯通的两孔中穿入，并从上方的孔中穿出去。另外，母珠还可以连接弟子珠、记子留，以及流苏等一些类似的饰物。早期的母珠基本上都是一颗带有两孔的大珠，并将这种串联方法称为“万法归一”。

母珠的材质通常和子珠是相同的，也有一些情况下母珠与子珠材质会有区别，比方说使用不同颜色或者是更昂贵的材料制作母珠的情况。除此之外，还有一些人会在母珠上雕刻佛像、莲花等图案。通过透镜的原理，则可以看到母珠内部的图案，更加使人感受到佛珠作为

老蜜蜡子珠

一种法具的庄严。

佛塔常被人们俗称为“佛头”，一般佛塔都是设置在母珠的上方，形状类似塔形，另外佛塔也可以利用小一些的母珠，甚至是其他珠子进行代替。通常人们认为，母珠与佛塔的组合是阿弥陀佛的智慧。

子珠是指那些尺寸比母珠小，但是直径相同的珠子。通常情况下一串佛珠的子珠材质都是统一的，不过也有人将规格相同的不同材质的子珠串在一起。

佛教的流派有很多，对于子珠的说法也不同。比如，一些流派将子珠视为观世音菩萨的象征；有些流派则认为是普贤菩萨的象征；还有些流派认为子珠寓意着大势至菩萨。不过，一般人大可不必执着于此。

专家评鉴

从佩戴者的角度进行分析我们能够明白：中等身材且身材匀称的男士佩戴 15 颗 15 毫米，或者 14 颗 16 毫米的佛珠比较合适；对于那些身材高大且微胖的男士，选择 13 颗 18 毫米的，或 12 颗 20 毫米的佛珠，会将个人的整体感觉衬托得更加大气和豪放。身材苗条的女士则可以选用 19 颗 10 毫米的佛珠进行佩戴；而身材适中的女士可以选择 18 颗 12 毫米的佛珠进行佩戴。

青金石佛珠

隔珠

隔珠常被称为“数取”或“四天珠”，也被称为“节珠”。隔珠的目的就是分离较长的子珠，能够方便计数。当人们念佛或者持咒时，由于时间有限或遇到突发事件没有念完经文时，则可以计数至该颗辅佛珠，之后再继续念诵佛经时便可以自这颗隔珠开始计数。

弟子珠的功能类似算盘，也使用十进制，用来计算掐捻佛珠的数目。比方说捻动佛珠满 108 颗时，即拨动一颗弟子珠以计数，另外有一些佛珠还会使用透明的小珠附加在弟子珠的上面（多为水晶制成），这些小珠被称作“助明”“维摩”“补处菩萨”。

另外，藏传佛教的一些长串佛珠中也经常加入一些比子珠略小的

铝制九孔八卦牌

金刚杵坠饰

10粒珠子，这些珠子被称为“记捻”，还被称为“计数器”。这种设置会根据流派的不同而出现位置不同的情况。

记子留是指每串记子珠的末端增加的比记子珠稍大一些的饰物或者珠子，记子留能够保证佛珠不脱落。有些佛珠也用络绳的末端打结来代替记子留的作用。藏传佛教使用的佛珠通常在记子珠的末端，使用小银铃或者是小金刚杵作为记子留。

络绳是串联佛珠的线。按照子珠规格和孔洞直径的不同，用独股、双股或者三股做成线绳，之后串起来。络绳有的具有弹性，有的没有弹性。汉传佛教佛珠使用的络绳多数都是比较宽松的。

坠饰说的就是在佛塔下部、记子留以上的部分悬挂各种饰物，这些饰物能够对佛珠起到装饰和美化的作用。坠饰常用到的材质有琥珀、蜜蜡、红珊瑚、玉石等，使用这些材质做成精美的小工艺品，另外一些佛珠在佛塔的顶部还会使用字结或盘肠结等结饰以及流苏等，以体现无上庄严。这种使用坠饰的佛珠一般都是用来供奉、陈列和装饰，现实中陈列的佛珠很少会使用坠饰。这些坠饰的存在会给计数带来不便。

佛珠不同的颗数类型

佛珠的颗数并无确切定数。在佛教经典《陀罗尼集经·数珠法相品》中，曾经列举出 108 颗、54 颗、42 颗、21 颗等 4 种。《佛说校量数珠功德经》中则记录了 108 颗、54 颗、27 颗、14 颗等 4 种。《金刚顶瑜伽念珠经》中将 1080 颗的佛珠奉为上品，108 颗的佛珠为最胜，54 颗为中品，27 颗为下品。《文殊仪轨经·数珠仪则品》中则将 27 颗称为下品，中品为 54 颗，上品为 108 颗，最上品则是 1080 颗。藏

黑玛瑙佛珠

传佛教中的《桑布扎续》与《金刚空行续》等续部经典中都有表述："息业为一百，增业为一百零八，怀业为五十，诛业为六十颗。"佛教当中宗派众多，不同宗派对于颗数的看法同样不同。具体的内容有：禅宗集中使用18颗；净土宗多用36颗；密宗则主要用108颗（通常为110颗）。总之，最常见的颗数类型便是108颗，因为1080颗佛珠本身很长，携带不便，通常只是极少数高僧和潜修者使用，名僧在做法会的时候也常用来进行装饰。

下面针对不同的佛珠颗数类型，就其意蕴进行一番深度的解读。

一颗

一颗佛珠指"一味蕴"。此处所说的"一味蕴"，按照《异部宗轮论》中所提到的说法其实是众生从开始以来，得到的一点延续的细微意识，这同样属于轮回的主体。这种细小的意识从一开始以来都是不间断的，其体为受、想、行、识等四蕴，之后经历各种辗转，混合一体，因此被称为"一味蕴"。直到现在，许多人都喜欢在身上佩戴一颗质量很重的佛珠，有时候这颗佛珠放到家里或者是挂在车上，也能够起到祈求安康的作用。

单颗老蜜蜡佛珠

三颗

三颗佛珠代表着佛教信众崇敬并供养的佛、法、僧“三宝”。在佛教的观念当中，“佛”是一方面能够自己觉悟人生的最终真相，并且可以让他人领悟佛教真谛，另一方面还泛指三世十方一切诸佛；“法”说的就是佛陀悟道，并且向人们宣扬的一切教法；“僧”则说的是那些修学佛教教法的佛陀出家弟子。上面提到的“三者”都是至高无上，而且并不变异的东西，这就犹如人世间的珍宝，因而获得尊称“三宝”。

四颗

四颗佛珠代表着佛教的“四缘”。“四缘”就是指佛教阿毗达摩（论）中概括一切有为法之生起所凭借的因缘、等无间缘、所缘缘、增上缘。佛教的大乘、小乘都有这种说法，可是不同的说法之间差异还是很明显的。

其一，“因缘”是六根为因，六尘为缘。如眼根对色尘时，识即随生，余根亦然，是名因缘。其二，“等无间缘”常被称为“次第缘”，只在精神现象中存在，人心前念为后念生起之原因，如无“前念”，必无“后念”，次第无间，相续而起，是名等无间缘。其三，“所缘缘”常被称为“缘缘”，“所缘”中的“缘”字是“攀缘”的意思，指心所攀缘的一切对象，是名所缘缘。其四，“增上缘”，指任何一种事物对于其他一切事物的影响和作用。分为助其生长和阻碍其生长两类。此缘范围最广，凡世界上任何一事物皆为其他一切事物的“增上缘”。

五颗

五颗佛珠寓意着佛教“五乘”，意思就是佛教为教化众生，并将众生运载至理想世界用的 5 种法门。按照《盂兰盆经疏》和《法华玄论》中记载的内容，则包括人乘、天乘、声闻乘、缘觉乘、菩萨乘。“人乘”就是说将“三归五戒”为乘，生于人道，并且运出“三途四趣”。“天

玻璃工艺佛珠

乘”就是将“上品十善”及“四禅八定”为乘，把众生从四洲运到天界。“声闻乘”就是用四谛法门为乘运载众生越过三界，抵达有余涅槃成就阿罗汉。“缘觉乘”就是将十二因缘法门作为乘，运载众生越于三界，至无余涅槃而成辟支佛。“菩萨乘”则是利用悲智六度法门作为乘，运载众生总超三界三乘之境，最终成就无上菩提大般涅槃的彼岸。

六颗

六颗佛珠象征着人的“六根”，即眼、耳、鼻、舌、身、意。“根”则带有认识器官的含义。“六根”还常被称为“六情”，说的就是人的 6 种感觉器官或认识能力。这其中的“眼根”说的就是人的视觉器官及视觉能力。“耳根”说的是听觉器官及其能力。“鼻根”说的是人的嗅觉器官及其能力。“舌根”则是指味觉器官及其能力。“身根”则指人的触觉器官及其能力。“意根”寓意人的思维及其能力。

七颗

七颗佛珠说的是佛教的“七妙法”。“七妙法”还常被称为“七法”“七知”“七善”“七善法”。《北本涅槃经》中记载的“七法”内容有：知法，知义，知时，知足，知自，知众，知尊卑。

八颗

八颗佛珠是取佛教“八正道”的寓意。《中阿含经》中曾经有记载：“八正道内容为：正见，正思维，正语，正业，正命，正精进，正念，正定。”这同样属于佛教的涅槃正道，也同样是佛教进行实践的法门。

专家评鉴

上文说到的“正见”，还被称为“谛见”，意思就是正确地理解佛法，不会利用世俗的观念来理解佛教教义，不会无知地批判佛教，而“正思维”又被称为“正觉”或“谛念”，意思就是避免邪妄贪欲、嗔恨嫉妒，能够从善地对人和事物进行思考，这样增加自己的智慧，道业也才能早日达成。这里的“正语”也被称为“正言”或者“谛语”，具体包括远离妄言、两舌、恶口、绮语，不阿谀，不奉承，做一个正派、正直的人。“正业”则被称为“正行”“谛行”，意思是不杀生、不偷盗，按照国家的法律办事，严格遵守佛教的礼仪。“正命”还被称为“谛受”，意思是使用正当的途径和方法获得钱财，从事正当的职业来谋生。“正精进”还被称为“正治”“谛法”“谛治”，这里的意思是勇猛精进地研修佛法，并且截断可能出现的恶法，让恶法不再出现，已生之

专家评鉴

善法令增上，未生之善法令生。“正念”还被称为“谛意”，意思就是能够牢记“诸法性空”的真理。只有做到这一点，才能在尘世中遭遇各种境遇时保持心态平和，都能做到善念生起，一心不乱，不会被一些坏的因素感染和影响。“正定”也被称为“谛定”，也就是说保持内心不散乱，进入一种禅定的状态，远离不善之法，进而成就初禅或者四禅，并悟到更高深的智慧。

九颗

九颗佛珠被认为是佛教的“九世”。《华严五教章》中记载：“过去、未来、现在三世各自具有三个世界，合称为‘九世’。”具体内容则有过去之过去、过去之未来、过去之现在、未来之过去、未来之未来、未来之现在、现在之过去、现在之未来、现在之现在。

金星紫檀佛珠

小叶紫檀佛珠

十颗

十颗佛珠被认为是佛教的“十利”。依据《月灯三昧经》中所陈述的内容，“十利”通常指诸如乞食十利、禅定十利、粥有十利、精进十利、多闻十利、布施十利、持戒十利、慈忍十利等。按照《十诵律》中所说的内容，“十利”说的就是佛陀制戒的10个理由，具体内容有：(1)摄僧；(2)极好摄；(3)僧安乐住；(4)折服高人心；(5)有惭愧者得安乐；(6)不信者得净信；(7)已信者增长信；(8)遮今世恼漏；(9)断后世恶；(10)梵行久住。

十一颗

十一颗佛珠被认为是佛教的“十一力”，也就是阿弥陀佛加持念佛行者的11种力。传说这11种力能够破除所有魔事。按照《观无量寿经》中的记录，具体内容有：(1)大慈悲力；(2)大誓愿力；(3)大智慧力；(4)大三昧力；(5)

海南黄花梨满鬼脸佛珠

大威神力；(6) 大摧邪力；(7) 大降魔力；(8) 天眼远见力；(9) 天耳遥闻力；(10) 他心彻鉴力；(11) 光明遍照摄取众生力。

十二颗

十二颗佛珠被认为是指代佛教的“十二种因缘”。“十二因缘”也常被称为“二六之缘”“十二支缘起”“十二因缘起”“十二缘起”“十二缘生”“十二缘门”“十二因生”，也就是说 12 种条件才能有情生存，这属于佛教的基本教义。根据《中阿含经》中记录的内容则包括：(1) 无明；(2) 行；(3) 识；

老山檀香佛珠

(4) 名色；(5) 六入；(6) 触；(7) 受；(8) 爱；(9) 取；(10) 有；(11) 生；(12) 老死。

十三颗

十三颗佛珠代表着佛教的“十三力”。在佛教的观念中，西方净土的菩萨有13种力，因此能够利己利人。按照《观无量寿经》中所记述的内容可以知道，这13种力有：(1) 因力；(2) 缘力；(3) 意力；(4) 愿力；(5) 方便力；(6) 常力；(7) 善力；(8) 定力；(9) 慧力；(10) 多闻力；(11) 持戒忍辱精进禅定力；(12) 正念正观诸通明力；(13) 如法调伏诸众生力。

沉香佛珠

红酸枝木佛珠

沉香佛珠

十四颗

十四颗佛珠寓意为佛教的“十四无畏”，也就是说观世音菩萨以金刚三昧无作妙力（即不作意之力用），结合“十方”（即东、西、南、北、东南、西南、东北、西北、上、下）、“三世”（即过去世、现在世、未来世）、“六道”（即地狱道、饿鬼道、畜生道、修罗道、人间道、天道）等一切众生同一悲仰，并且让众生获得 14 种无畏的功德。按照《楞严经》中所记述的内容可以知道，“十四无畏”有：（1）使众生反照自性，获得解脱，是为无畏；（2）使众生旋转知见，苟遇火难，火不能烧，是为无畏；（3）使众生旋转观听，虽遇大水所漂，水不能溺，是为无畏；（4）使众生入于罗刹鬼国，鬼自灭恶，是为无畏；（5）使众生消灭六根，刀刃所加，亦复毁拆，是为无畏；（6）菩萨明照十方，使众生不受药叉，诸幽暗者所害，是为无畏；（7）菩萨解脱声尘，使众生不受虚妄声尘系缚，是为无畏；（8）菩萨遍生慈力，使众生行险路如行坦途，遇贼不受劫，是为无畏；（9）使性多淫的人，不生色念，是为无畏；（10）使怀愤记恨之人不生嗔恚，是为无畏；（11）使混沌无善心之人，远离痴暗是为无畏；（12）使无子众生，欲求男者，令得生男，是为无畏；（13）使无子众生，欲求女者，即得生女，是为无畏；（14）使众生所得福德与恒河沙数无异，是为无畏。

十六颗

十六颗佛珠常被指代为佛教的“十六善神”，按照《大般若经》中记录的内容则是持诵者的16尊夜叉善神。“十六善神”还常被称为“十六神王”“十六夜叉神”“十六大药叉将”“般若十六善神”“般若守护十六善神”。依据《陀罗尼集经》中记述的说法，具体内容有：(1) 提头赖吒神王；(2) 禁尾嚕神王；(3) 跋折嚕神王；(4) 迦毗嚕神王；(5) 咩窥嚕神王；(6) 钝徒毗神王；(7) 阿你嚕神王；(8) 娑你嚕神王；(9) 印陀嚕神王；(10) 婆姨嚕神王；(11) 摩休嚕神王；(12) 鸠毗嚕神王；(13) 真陀嚕神王；(14) 跋吒徒嚕神王；(15) 尾迦嚕神王；(16) 俱鞞嚕神王。在唐代时期金刚智还曾经绘制了十六善神图，这张图被日本僧人空海携去日本。

十七颗

十七颗佛珠被认为是佛教的“十七净土”，也就是佛陀在毗耶离国庵摩罗树园曾对宝积童子所说的“十七净土”。如果按照《维摩诘经·佛国品》中所记载的内容则具体有：(1) 直心；(2) 深心；(3) 大乘心；(4) 布施；(5) 持戒；(6) 忍辱；(7) 精进；(8) 禅定；(9) 智慧；(10) 四无量；

水沉嵌银佛珠

黄花梨佛珠

(11) 四摄法；(12) 方便；(13) 三十七道品；(14) 回向心；(15) 除八难；(16) 守戒行；(17) 十善。上面说到的 17 种其实都是菩萨的净土。

十八颗

十八颗佛珠指代为佛教的“十八界”，即内六根界、外六尘界和六识界。内六根界即：(1) 眼界；(2) 耳界；(3) 鼻界；(4) 舌界；(5) 身界；(6) 意界。外六尘界即：(1) 色界；(2) 声界；(3) 香界；(4) 味界；(5) 触界；(6) 法界。六识界即：(1) 眼识界；(2) 耳识界；(3) 鼻识界；(4) 舌识界；(5) 身识界；(6) 意识界。

十九颗

十九颗佛珠指代为佛教的“十九说法”，也就是观世音菩萨按照众生的不同类型而现19种身的说法。如果按照《法华经·普门品》中记载的内容则包括：(1)佛身；(2)辟支佛身；(3)声闻身；(4)梵王身；(5)帝释身；(6)自在天身；(7)大自在天身；(8)天大将军身；(9)昆沙门身；(10)小王身；(11)长者身；(12)居士身；(13)宰官身；(14)婆罗门身；(15)四众身（即比丘身、比丘尼身、优婆塞身、优婆夷身）；(16)四妇女身（即长者妇女身、居士妇女身、宰官妇女身、婆罗门妇女身）；(17)童男童女身；(18)天龙八部身（即天身、龙身、夜叉身、乾闼婆身、阿修罗身、迦楼罗身、紧那罗身、摩睺罗伽身）；(19)执金刚身。

香木佛珠

水晶佛珠

二十颗

二十颗佛珠指代着佛教的“二十力”，也就是净土菩萨拥有的20种力。根据《观无量寿经》中的一些说法包括：(1)因力；(2)缘力；(3)意力；(4)愿力；(5)方便力；(6)常力；(7)善力；(8)定力；(9)慧力；(10)多闻力；(11)施；(12)戒；(13)忍辱；(14)精进；(15)禅定；(16)智慧之力；(17)正念；(18)正观；(19)诸通明之力；(20)如法调伏诸众生之力。

二十一颗

二十一颗佛珠被认为是佛教的“二十一位”，即十地、十波罗蜜、佛果等。

上面所说的“十波罗蜜”，则是说菩萨修行达到大涅槃时必备的10种德行，因而被称为“十胜行”，还可以翻译为“十度”“十到彼岸”，全称“十波罗蜜多”。如果按照《六十华严经》中所说的内容则包括：(1)施波罗蜜；(2)戒波罗蜜；(3)忍波罗蜜；(4)精进波罗蜜；(5)禅波罗蜜；(6)般若波罗蜜；(7)方便波罗蜜；(8)愿波罗蜜；(9)力波罗蜜；(10)智波罗蜜。

“佛果”就是指代成佛，另外还被称为“佛位”“佛果位”“佛果菩提”。佛相当于万物之所成，因此称作“佛珠”，即能成之万行为因，而所成之万德为果。

水晶佛珠

二十二颗

二十二颗佛珠指代着佛教的“二十二门”。佛教认为佛想用三昧之力来抚慰众生，以出生自在胜三昧一切所行诸功德无量之方便而度众生，因此从三昧中生发出二十二门，具体内容有：(1)供养如来门；(2)一切布施门；(3)具足持戒门；(4)无尽忍辱门；(5)无量苦行精进门；(6)禅定寂静三昧门；(7)无量大辩智慧门；(8)一切所行方便门；(9)四无量神通门；(10)大慈大悲四摄门；(11)无量功德智慧门；(12)一切缘起解脱门；(13)清净根力道法门；(14)声闻小乘门；(15)缘觉中乘门；(16)无上大乘门；(17)无常众苦门；(18)无我众生门；(19)不净离欲门；(20)寂静灭定三昧门；(21)随诸众生起病门；(22)一切对治众法门。

二十四颗

二十四颗佛珠常被认为是指代阿弥陀佛的别愿——“二十四愿”。《观无量寿经》则称其为“四十八愿”，虽然比较之下略有差别，可是主旨其实是一样的。就像之后的《阿弥陀佛偈》中提到的那样：“唯念法比丘，乃从世饶王，发愿逾诸佛，誓二十四章。”即二十四愿。在《大阿弥陀经》中同样也列举了二十四愿，具体内容有：(1)无三恶趣；(2)无有女人、女人往生、等一化生；(3)七宝为地、资具自然；(4)诸佛称扬、闻名往生；(5)系念定生；(6)中辈往生；(7)来迎引接、住正定聚；(8)不更恶趣；(9)悉皆金色、无有好丑；(10)他心智通；(11)常修梵行、无有三毒；(12)慈心无害；(13)供养诸佛、供具如意；(14)饮食自然；(15)三十二相；(16)说一切智；(17)神通特胜；(18)说经特胜；(19)寿命无量；(20)菩萨无数、声闻无数；(21)人天长寿；(22)宿命智通、天眼智通、天耳智通；(23)眷属光明；(24)光明无量、触光柔软。

六十颗

通常六十颗佛珠代表着“六十华严”，也就是东晋佛驮跋陀罗翻译的《华严经》，这部经书的全称为《大方广佛华严经》。这部经书分为 60 卷 34 品，收录在《大正藏》的第九册。另外在唐武后证圣元年(695 年)，实叉难陀又自于阗赍来梵本并翻译，全书分为 80 卷 39 品。现在收藏于《大正藏》的第十册。为了区别两部经书，通常将前一部经书称为《六十华严》《旧华严》《晋经》；而将后者称为《八十华严》《新华严》《唐经》。其内容均谓佛以其因行之果德，开显重重无尽事事无碍之妙旨。

八十一颗

通常认为八十一颗佛珠代表着佛教的“八十一科”，根据《大藏一览集》中所记录的“八十一科”具体包括：五蕴、六根、六尘、六识、六触、六缘所生、四缘、六大、十二因缘、六度、我者、生者、寿者、命者、有情者、养育者、众数者、作者、使作者、起者、使起者、受者、使受者、见者、知者、二十空、四谛、真如、法界、法性、不虚妄性、不变易性、平等性、离生性、法定、法住、实际、虚空界、不思议界、四静虑、四无量、四无色定、八解脱、八胜处、九次第定、四念处、四正勤、十遍处、四神足、五根、五力、七觉支、八圣道支、空解脱门、无相解脱门、无愿解脱门、菩萨十地、五眼、六通、十力、四无畏、四无碍解、大慈、大悲、大喜、大舍、十八不共法、无忘失法、恒住舍性、一切智、道相智、一切相智、一切陀罗尼门、一切三摩地门、预流果、一来果、不还果、阿罗汉果、独觉菩提、一切菩萨摩诃萨行(自觉觉他)、诸佛无上正等菩提(因缘果满)。

八十八颗

普遍认为八十八颗佛珠是代表佛教的“八十八佛”。也就是《观药王药上二菩萨经》中记录的五十三佛和《大宝积经》中所记录的“优婆夷会”中三十五佛的合称。除此之外，佛教晚课中所诵的《大忏悔文》也常被简称为“八十八佛”，这是取文中所称念之“八十八佛”名号而言的。

一百零八颗

一百零八颗佛珠也属于佛珠当中最常见的一种类型。佛教信徒中包括108种三昧，相当于108种烦恼，当消除这些烦恼之后，人就会

小叶紫檀佛珠

琥珀佛珠

进入一种寂静安定的状态。

上文提到的“烦恼”还常被称为“惑”，这是一种让人出现恼、乱、烦、惑、污的精神作用。人类具有欲望或追求，因此才会去主动寻求一些东西，可是在这些过程当中，往往不自觉地会沉溺于苦乐当中，并由此招致愉悦或痛苦的束缚。

老犀角佛珠

一千零八十颗

佛教天台宗有一种说法：十界均各具善恶。一千零八十这个数字，指的就是十界当中，每一界都有一百零八种烦恼，十界的烦恼加起来，便是一千零八十颗佛珠。

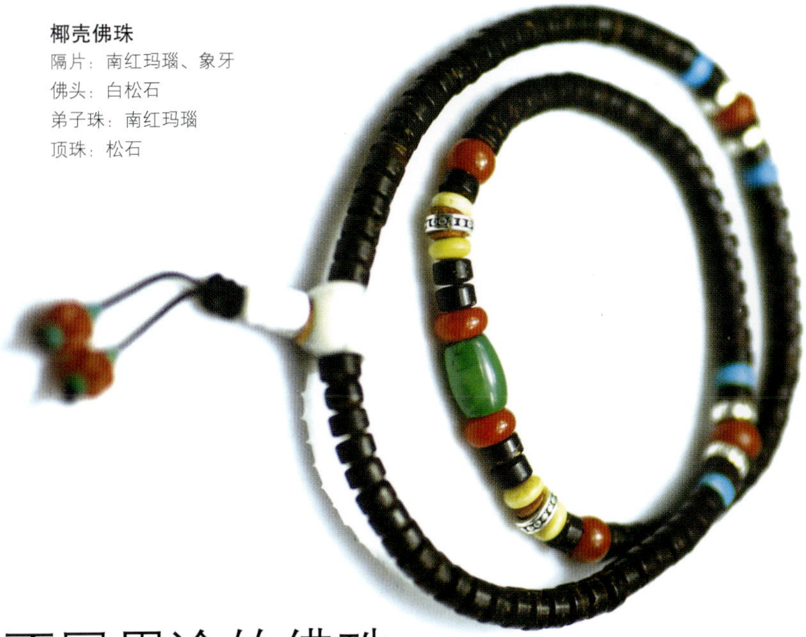

椰壳佛珠
隔片：南红玛瑙、象牙
佛头：白松石
弟子珠：南红玛瑙
顶珠：松石

不同用途的佛珠

佛珠的用途是多样的，按照用途进行划分则有以下几种：

（1）持珠：也常常被称为“念珠”或“提珠”，这种佛珠是用来念诵佛号或咒语的。比如唐代义净翻译的《曼殊室利咒藏中校量数珠功德经》中曾经说过这样一个例子，“若善男子、善女人，有能诵念诸陀罗尼及佛名者，为欲自利及护他人……若欲愿生诸佛净土者，应当依法受持此珠”。佛教信众都喜欢使用佛珠，这是因为佛珠本身对于修行和保持心理平衡的帮助很大，能够增强人的智慧，而且更重要的是能提醒人们护人利己，以获取无量的功德。

（2）佩珠：又称为“戴珠”，还被俗称作“手串”，这是一种佩戴于手腕的佛珠。佩珠一般都是使用名贵材质或一些颜色鲜亮的材质做成。一般而言，要按照手腕的粗细度来决定子珠的直径、颗数，并随之找到匹配的佛珠，常见的颗数类型有14颗、16颗和18颗等类型。

藏式五瓣大金刚菩提子佛珠
隔珠：无
隔片：椰壳
佛头：象牙
弟子珠：南红玛瑙

（3）挂珠：一般都是出家人才使用的，因而也被称为“法师珠”，这种佛珠的子珠一般都超过 108 颗，还可以挂在脖颈之上，在外出的时候，也可以将佛珠缠绕在手腕上。《西游记》中，唐僧和沙和尚的脖颈上就常挂有一串佛珠，《水浒传》中鲁智深脖子上也挂有一大串佛珠，就是挂珠。挂珠作为饰物，

藏式五瓣大金刚菩提子佛珠（局部）

藏式五瓣大金刚菩提子佛珠（局部）

能够增加人的威仪感，起到增强自信的作用。一般而言，佩戴挂珠也要依据体型和身高来决定佛珠子珠的直径与长度。

挂珠的子珠规格也要一致，佛珠的外观要求色泽匀净、细腻温润、晶莹光洁，不能有太大的色差。挂珠过去常使用菩提类、黄花梨、小叶紫檀、黑檀等木质材料制成，现在挂珠的材质则有沉香、琥珀、蜜蜡、珊瑚、水晶、玛瑙、翡翠、绿松石等珍贵材料。人们佩戴挂珠也要根据不同的季节进行灵活变换。夏季适合佩戴的佛珠包括水晶、玛瑙、翡翠、珊瑚等石质类挂珠，这些材质佩戴起来比较清凉；冬季则可以佩戴那些导热较差的材质做成的佛珠，比方说菩提类、木质类以及琥珀、蜜蜡等。

佛珠史话

清代时期的朝珠也是由佛珠演变而来的。“朝珠”顾名思义，指的就是当时文武百官上朝的时候佩戴的珠饰物，这同样属于清代官服的特有装饰。朝珠既能够衬托官员的威仪，又有外交、政治方面的深层用意。朝珠还类似军服上的徽章，可以用来分辨官员的官阶，利于他人辨识。即使是皇宫中女眷佩戴的朝珠，也能够用来区分地位的尊卑。不同官阶，在朝珠的材质和制作工艺上是有很大不同的。

清代朝珠

佛珠的制作和配饰

如来证涅，永断于生死。若有至心听，常得无量乐。因得此偈，世尊发大宏愿未来成佛。

佛教对佛珠材料的影响

制作佛珠能够用到的材料是多样的，其中既有矿物也有竹木，只要具备一定的硬度都可以制作成佛珠。常见的材质有菩提、珊瑚、水晶、翡翠、珍珠、玛瑙、琥珀、蜜蜡、琉璃、玻璃、砗磲、金、银、铜、铁、角、竹、木、牙、骨、漆、瓷等。

不同材质制作的佛珠当中，七宝佛珠是最为珍贵的。这里说到的“七宝”还常被称为“七珍”，从字面上来讲，“七宝”常常被认为是 7 种珍宝，其实不是这样的，这个“七宝”是泛指世上所有罕见的宝物。因此，佛经中提到的“七宝”有几十种之多。

核雕佛珠

野生核桃佛珠
弟子珠：牛骨

早期佛教经典中提到的宝物，中国本土大多没有。佛经多数都经历了翻译的过程，翻译也常会出现差异。比方说在《佛说阿弥陀经》中就把“七宝”译为金、银、琉璃、玻璃、砗磲、赤珠、玛瑙；《大般若经》的翻译中把“七宝”译为金、银、琉璃、砗磲、玛瑙、琥珀、珊瑚；《恒水经》翻译的“七宝”内容为黄金、白银、珊瑚、白珠、砗磲、明月珠、摩尼珠；《大智度论》翻译的“七宝”内容则有金、银、琉璃、玻璃、砗磲、玛瑙、赤真珠；《称赞净土经》中“七宝”的介绍为金、银、吠琉璃、颇胝迦、牟娑落揭拉婆、赤真珠、阿湿摩揭拉婆；《法华经》翻译的“七宝”有金、银、琉璃、砗磲、玛瑙、珍珠、玫瑰。《陀罗尼集经》则详细举出了金、银、赤铜、水晶、木

矮桩野生核桃佛珠
弟子珠：星月菩提
顶珠：象牙

穗子、菩提子、莲花子等 7 种。

即使是同部经书，不同时期的翻译中对“七宝”的解释也是不一致的。比方说《观无量寿经》，汉代的版本翻译内容有金、银、琉璃、水晶、砗磲、珊瑚、琥珀；三国时期翻译的内容变为了紫金、白银、琉璃、水晶、砗磲、珊瑚、琥珀；唐代版本是黄金、白银、琉璃、玻璃、美玉、赤珠、琥珀；宋代版本变成了黄金、白银、琉璃、玻璃、砗磲、珍珠、琥珀。现在人们对“七宝”的理解都是以《大般若经》翻译的内容为主的。

专家评鉴

因为佛教流派的不同，对“七宝”的定义同样也是不同的。最明显的区别就如同藏传佛教与汉传佛教的说法一样，通常“七宝”被认为是红玉髓、蜜蜡、砗磲、珍珠、珊瑚、金、银等。

在上面关于“七宝”的定义之外，《守护国界主陀罗尼经》中还记载了菩提子、金刚子、珍珠、莲花子、金银以及诸材和合等6种。《诸佛境界摄真实经·持念品》中则选取了香木、石、铜、铁、水晶、珍珠、莲花子、金刚子等各种宝物。

起初在佛教的经典当中记录的佛珠制作材料很有限，数量在十几种左右，现在佛珠的制作材料越来越多了，我们现在能在市场上看到的更是数不胜数。那些或常见或不常见的硬质材料均可以用来加工成佛珠。

玉质佛珠

铜质镂空佛珠

佛珠的制作步骤

佛珠的材质可以说是五花八门，形状的差别更是十分明显。佛珠材质当中除了菩提类多使用天然形状外，其他材质多加工成圆形、柱形、筒形、方形、菱形、鼓形、片形、扁平形等。工艺类佛珠则更加明显地反映了中国传统制作工艺的高超水平。

佛珠制作的方式有手工加工和机器制作两种。手工加工相对费工费时，现在只有利用宝贵材质，或者是偏远地域加工佛珠的时候才会使用手工加工，大多数佛珠都是采用机器制作而成。

下面以佛珠形状当中很常见的圆形佛珠作为例子，说明其加工制作过程。具体的加工步骤可以分成以下几步：

老朱砂供星月菩提子佛珠
隔珠：南红玛瑙
隔片：925 银
佛头：象牙
弟子珠：老蜜蜡
顶珠：珊瑚、绿绞胎琉璃

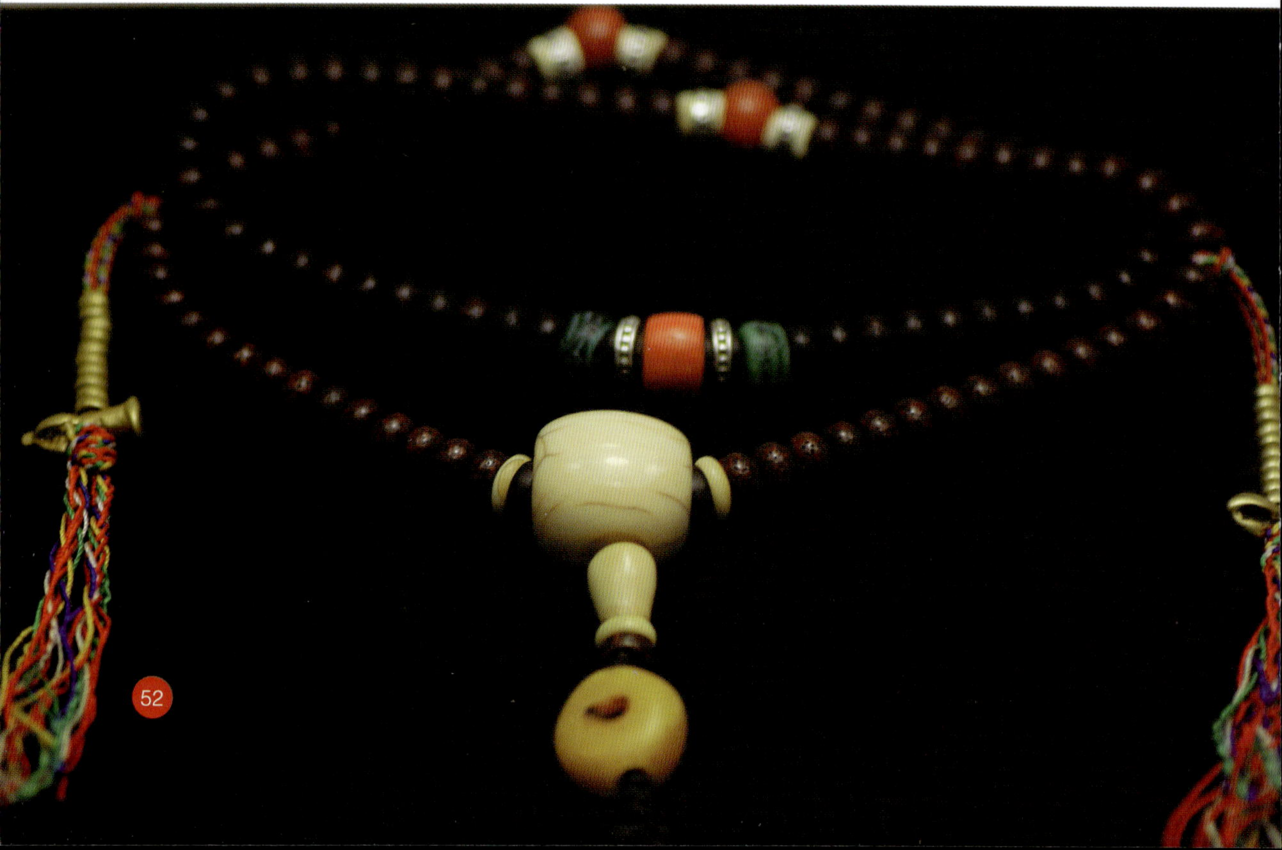

老朱砂供星月菩提子佛珠（局部）

设计构思

每一件佛珠制作都需要设计构思，如果想要制作的佛珠高雅、美观、严谨，就要更注重构思。因此，在动手制作之前，要先依据不同的材质，设计母珠（三通）、子珠、隔珠的大小以及佛塔的造型，材料的纹理状况，穿孔孔径的大小，串珠该使用怎样的穿绳，绳子的粗细以及是否需要弹性，吊坠、配饰的编结样式及其效果等问题，予以通盘规划，整体考虑。

开料成形

按照设计的方案对原材料进行初步挑选，然后依据佛珠的档次、规格和尺寸，进行分类加工和初步成形。先要考虑的内容就有材料的成本，确保材料能够合理利用，避免浪费。比方说木质佛珠的加工，

老朱砂供星月菩提子佛珠（局部）

肯定要先去除外皮，利用锯等切割工具，将大料切割成小块状或条状的方料，然后按照珠子的设计规格，切割成圆料，之后采用机器将其旋圆成球状。

打磨抛光

这一步则是将已经初步加工的圆珠进行精细的机械打磨和抛光。不同的材料选择的抛光方式有水抛、蜡抛、布抛等。这一步要将珠子的棱角、毛刺或切削刀痕等通通打磨掉，确保珠子表面光滑圆润。对于批量加工的珠子，使用的抛光机器有转盘机、震荡筒或滚筒，通过添加抛光磨料进行抛光。不管使用哪种抛光方式，都应该把握好抛光力度和抛光时间，不能因为时间不足而显得粗糙，也不能因为过度抛光导致材料损耗。

打眼穿孔

这个步骤同样是佛珠制作的重要一步。佛珠的打眼效果将直接影响佛珠的品质。比方说石质佛珠加工时，需要在经过滚圆工序的珠粒上做一些打眼和穿孔的印记，之后将珠子放到打孔模板上面使用激光

老朱砂供星月菩提子佛珠（局部）

或超声波进行打孔，之后再放置在震荡筒中抛光。如果采用手工打孔，则首先必须找准珠子的中心，打孔要稳而且力度要均匀，虽然机器打孔要比手工打孔的效率高、更加容易掌握，但是精品往往出自有经验的手工。

串连编结

按照先前的构思将佛珠穿起，做成成品佛珠。先按照色差、大小予以分类，然后穿起来。使用耐用的珠线把子珠、隔珠穿好，再使用专用的引线或工具串联三通和佛塔，最后将吊坠等装饰设置在绳结上。绳结的款式一般需根据佛珠的功能而定。

不同佛教流派的绳结编结方式同样是不同的。比方说密宗的经典《文殊根本续》中曾经记录："污垢清澈之，净河水洗珠，随后而取出，以牛净物洗，涂抹清净香，搓洗净后念。"这里的意思就是使用净水洗净佛珠材料，然后抹上牛净物与妙香，最终搓洗干净方可以串联使用。

专家评鉴

密宗按照不同的事业，选择穿珠的线的根数同样会有区别。一般来说，息业用 3 股线绞和；增业则用 4 股线绞和；怀业用 2 股线绞和；诛业用 9 股线绞和，等等。在某些情况下如果不能实施，则用线与所修主尊数量相同也可。《集上师密意续》中曾经有记录：必须按照珠孔的大小进行穿线。珠线的使用则要避免过粗与过细、过长与过短，以及粗细不同的情况。珠线太粗可能让修行招致违缘；珠线太细的话则无力成就事业；过长会耽误获得前程；过短则会殃及寿命；断后重接、有结与粗细不均则可能招致祸害。一定要避免上述所说的那些珠线情况，佛珠是有佛性的东西，因此应该倍加珍惜。另外如果碰到珠线断开的状况，则应不过夜将其重新穿好。

佛珠的配饰

佛珠配饰的编结，多使用不同类型的中国结。这种配饰属于中国传统的吉祥文化与佛教文化结合之后的产物，具有祈福迎祥和装饰的两种作用。佛珠编结的常见类型如下：

吉祥结

（1）吉祥结：还被称为“七圈结”，这一编结被看成是吉祥的美好寓意。这种编结方式在服饰与庙堂的装饰里非常常见。吉祥结常用的编织方法包括单线、双线、多线等。

（2）盘长（肠）结：藏传佛教利用8种器物来寓意吉祥，这个称作“八吉祥”或“佛八宝”。这“八宝”包括法螺、法轮、宝伞、白盖、莲花、宝瓶、金鱼、盘长（肠）。其中法螺为一品纹，寓意妙音吉祥；盘长（肠）位居第八品，也可以说是“八吉祥”的代表。

按照藏传佛教的传说，“八吉祥”都有特定的表征含义：“法螺”表征佛音吉祥，遍布世间，寓意为好运常驻；“法轮”的含义为佛法圆轮，生生不息，是生命的象征；“宝伞”意思为覆盖所有，而且能开合，可以保护众生；“白盖”表征遮覆世界，净化宇宙，是解脱贫病的象征；“莲花”意思为神圣和纯洁，是拒绝污染的象征；“宝瓶”意思是福气和智慧都能圆满，不会有遗漏，是取得成功的象征；“金鱼”表征活泼健康，充满活力，也是趋利避害的标志；“盘长（肠）”表征回环贯彻，永无穷尽，寓意为长命百岁。

盘长结饰物

盘长结

同心结

（3）草花结：这种花结流传的时间很久。制作草花结先要做几个花耳，之后继续拧，交互缠绕。

（4）团锦结：这种编结的形状类似花瓣，因此也有“花瓣结”的称谓。

（5）三环结：有很广泛的用途。这种编结是使用一个线头穿插起来的，因此编织任何一种带环耳的结饰时，均可以在此基础上增加一个三环结，这样也可以丰富变化。

（6）同心结：这种编结古老而寓意深刻。由于具有两结相连的特点，则有了“永结同心”的饱满寓意。

（7）D字结：在同心结的基础上，将中间的线绳外拉即成。

（8）八字结：这种编结可以按照具体情况变化，多作为结饰的坠结。

八字结

（9）平结：使用连续的几十个平结可以做成手环或挂链，另外使用平结还能编织成各种图案。

（10）攀缘结：这种编结常出现在其他绳上，或者其他的花结上。这种绳结需要注意将抽动的环套牢或固定好，以防其松动、脱落。

（11）双扣结：也被叫作“双联结”。这种编结简单小巧而且稳固不易散开，通常这种编结多作为组合的开始和收尾。

（12）双环结：是一种简单的结法，可以灵活地用在各种不同组合的结饰中。

（13）纽扣结：这种编结过去常用来作为衣物的纽扣，因此而得名。既可以单独织成耳饰，也可以用作结饰的坠结。

净化佛珠的仪式

佛教认为，新佛珠购请完毕后，要先经过净化才能使用。净化佛珠的过程是为了清除佛珠上可能带有的不洁之物，净化之后的佛珠就变成了善缘的修行法器。一般情况下，只有经历过净化仪式的佛珠才具有护佑作用。

老金刚菩提子佛珠
隔珠：珊瑚
隔片：松石
佛头：象牙
弟子珠：琉璃

金刚菩提子佛珠
佛头：老松石

老朱砂供星月菩提子佛珠
隔珠：松石
佛头：象牙
顶珠：珊瑚

老朱砂供星月菩提子佛珠（局部）

多宝佛珠

另外，对于不信佛的人来说，佛珠净化也很重要，因为佛珠在加工、运输等若干环节中肯定经过了多人之手，沾染污垢的情况也很常见，购请回来之后，进行认真擦洗也是必要的。

有一些朋友喜欢前往寺庙购请那些开了光的佛珠，并认为开了光的佛珠具有灵性。事实上开光也仅仅是一种宗教仪式。人们请佛像、佛珠的目的，是用来供奉、持用的，重要的是怀揣一颗真诚之心，无论佛像、佛珠法器开光与否，肯定都会带来福报。佛珠是不是经历开光并不重要，更不必纠结于这件事。人们只要怀着虔诚的心，在自己不顺心、不如意时，掐捻佛珠，心诵佛号咒语，便可心如止水，烦恼度尽，法喜充满，六时吉祥。

多宝佛珠（局部）

佛珠的种类

如来证涅，永断于生死。若有至心听，常得无量乐。因得此偈，世尊发大宏愿未来成佛。

菩提类佛珠

星月菩提子佛珠

星月菩提子佛珠的宗教内涵是很深的。星月菩提子被认为有修身、辟邪、养心、普度众生和佛祖心中留等众多寓意。根据佛经中的说法，持用菩提子念诵佛、菩萨的名号和咒语，能够获得吉祥如意和大量的功德。因此，星月菩提子佛珠是使用广泛的一种菩提佛珠。

星月菩提子的质地坚硬，表面为灰白色或乳黄色，形状不规则，类似小元宝。在珠面中间有一个凹的圆圈，纹路图案很像新月；同时珠面还呈现许多均匀分布的黑点，就类似于繁星，整体看起来就像苍穹中的繁星托月，因此被称为“星月菩提”。市面上销售的星月菩提

星月菩提子佛珠
隔珠：南红玛瑙、松石
佛头：象牙
弟子珠：砗磲
顶珠：松石

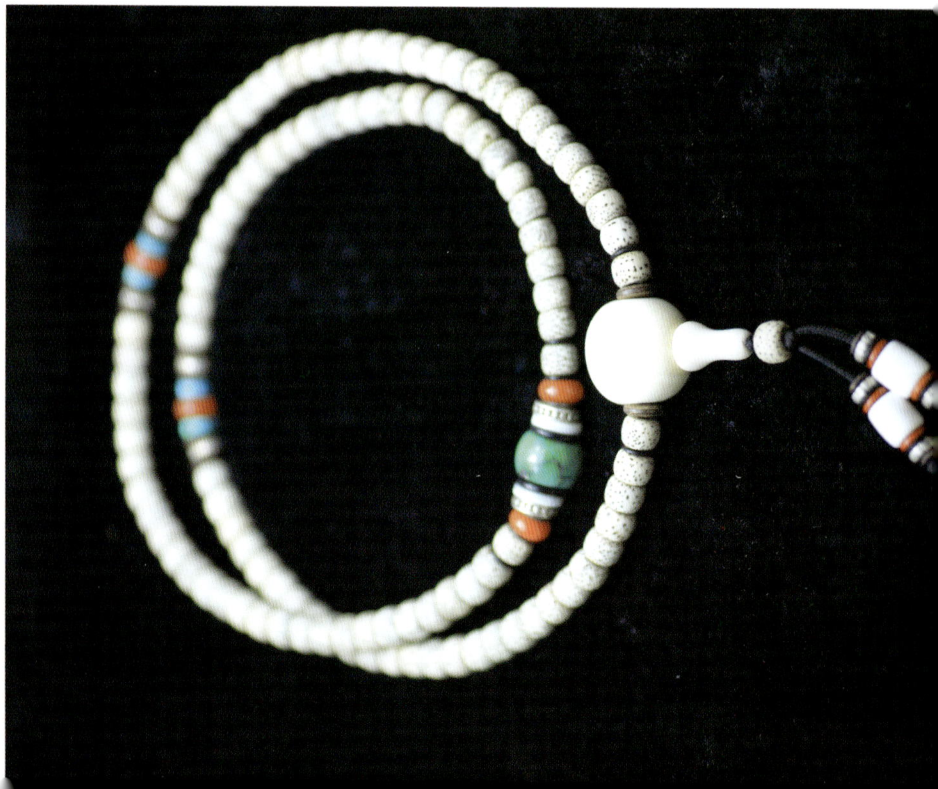

星月菩提子佛珠（局部）

子包括圆的和扁的，这些形状的菩提子大多都是经过了人为加工，人们一看便可知晓。

老星月菩提子佛珠具有神奇的宗教法力和优雅美丽的外观，一直备受推崇。

星月菩提子的品质鉴定

（1）密度：这里说到的密度其实是真正干燥状态下的实际密度，密度越高，珠子把玩寿命越长，即使把玩不当对珠子造成的不良影响也不会过大，更能历久弥新。

（2）树脂含量：这是指孔道内固化的物质，这种物质越是饱满，意味着树脂越多，珠子把玩后的氧化变色越快，充足的树脂含量，还可以让珠子通过把玩后，颜色变得更加大方

星月菩提子佛珠（局部）

美丽。这些树脂还有其他作用，星星孔道内的树脂能够提高珠子本身的支撑力，这样的珠子更结实（树脂类似于水泥板里的钢筋），高密度的孔道同时有效支撑了表面。

（3）含油量：星月菩提子的含油量越高越好，充足的油量可以使珠子更具光泽，同时让珠子表面迅速形成包浆并玉化。

（4）外观色泽：星月菩提子通常都是长串使用，要注意外观色泽的一致性。由于星月菩提珠子长期放置可能变色，所以如有条件，在初始阶段就要进行必要的选色。

莲花菩提子佛珠

莲花菩提子是一种名贵的菩提子，是一种原产地在印度和尼泊尔的大叶蕨类植物的种子，这种植物包括了十几个亚种，这种菩提子外观酷似莲花的形状。目前市场上常见的莲花菩提子主要形状有磨盘形、宝塔形和蘑菇形等几个类型。

莲花菩提子佛珠
隔珠：蜜蜡
弟子珠：蜜蜡

藏式五瓣大金刚菩提子佛珠
隔片：南红玛瑙
佛头：象牙
弟子珠：砗磲

莲花菩提子整体为圆锥形，质地坚硬。莲花菩提子佛珠的表面通常有若干不规则的棘状凸起，因而横拿的时候会扎手。莲花菩提子的密度、颜色非常类似山核桃。通常都会选择颗粒饱满个头大，以及莲花图案全、品相好的莲花菩提子串成佛珠。莲花菩提子佛珠经历长时间把玩后，会形成一层温润透亮的包浆，颜色最终会演变为红褐色，非常类似玛瑙但更超过玛瑙，非常漂亮。由于目前莲花菩提子整体数量稀少，在原产地往往也很难采集到，因此变得十分珍贵，具有很高的收藏价值。莲花菩提子的形状非常类似磨盘（一般在 14 毫米左右），边缘饱满连贯，菩提子的棘状凸起稀少的被奉为上品。与莲花菩提子相近的，还有一种莲花座菩提子，这是一种稀有植物的果实蒂，呈枣红色，质地坚硬，外形酷似莲花座，并以此而得名，又称“小莲花”。

藏式五瓣大金刚菩提子佛珠（局部）

养护方法

（1）刚刚购请回来的佛珠，使用搓澡巾用力地搓表面，这样能够清除表面的蜡层和脏东西，然后进行抛光就比较容易。这一步操作大概持续两三天，每天两三个小时即可。

（2）使用棉布进行为期一周的盘搓。这时软布表面会有痕迹，正常的 1 周后颜色会逐渐变淡。

（3）静置 1 周的时间。这个阶段佛珠慢慢变得干燥，表面和空气接触后会形成细密均匀的氧化保护层。

（4）用手进行把玩。这时的手一定是要刚刚洗过并且已经干透，汗手请不要直接把玩，注意孔口周围一定要把玩到，一天可以把玩 30 分钟左右，1 ~ 2 周后，你可以感觉有黏阻感，其实这时已经形成了一层薄薄的包浆。

（5）这时就可以放置一段时间，再进行自然干燥，也让包浆进行一定程度的硬化，一般是 1 周左右。

（6）重复（4）和（5）的过程 5 ~ 6 遍，大约 3 个月的时间，你会看到很有灵气的光泽。佛珠有时会呈现较强烈的反光，有些像玻璃光泽。

凤眼菩提子佛珠

凤眼菩提子的特点就是古朴典雅，这种特质在菩提子中是相当明显的。凤眼菩提子的表面有一个类似凤凰那美丽优雅的眼睛，因此获得“凤眼菩提”的美名。凤眼菩提子非常罕见，因此非常珍贵。凤眼菩提子的外皮坚硬且有光泽，长期把玩后颜色变深，而且会出现玉器一样的光泽。

凤眼菩提子佛珠一直以来都深受佛教徒的推崇。佛教的密宗就认为凤眼菩提子对于修行的帮助很大，长期使用这种佛珠能够增加智慧，将无尽的烦恼化为清净，最终成就佛果，也因为这样，凤眼菩提子佛珠迅速成为了密宗修行者最为依赖的佛珠法器。著名佛珠著作《密宗辑要》中曾经记录：“修一切法均可用凤眼菩提子珠。”

凤眼菩提子佛珠

凤眼菩提子佛珠
隔片：椰壳
弟子珠：凤眼菩提

凤眼菩提子的品质鉴别

选购凤眼菩提子佛珠时，则应该注意以下几个方面的内容：

（1）个体大小：凤眼菩提子佛珠的体积越小，品质越高。

（2）凤眼：每一颗凤眼菩提子上都有凤眼，凤眼越精致美丽，价值也越高。

（3）色泽情况：凤眼菩提子的品质和颜色有密切的联系。有两种不同的颜色，一种颜色淡黄，长期持用，色泽会由浅变深；另一种颜色偏金黄色，整体色泽饱满，略有清香。

（4）加工处理：凤眼菩提子佛珠的表面纹路必须自然清晰，伴随着颜色的加深，品质会随之提升。

金刚菩提子佛珠
隔片：椰壳
弟子珠：金刚菩提
佛头：象牙
顶珠：缠丝玛瑙

老凤眼菩提子佛珠
隔片：血珀
顶珠：南红玛瑙

老龙眼菩提子佛珠

龙眼菩提子佛珠

龙眼菩提子属于凤眼菩提子的一种，这种菩提子上有三角状眼，非常类似龙眼，因而得名。龙的梵语音译为“那伽”，龙在佛教文化中有深刻的含义。佛教认为龙具有翻云覆雨的强大力量，因此还成了守护佛法的护法之一。佛教文化中有许多关于龙的词语，比如说“龙象”这个词是形容和比喻菩萨的威仪；而“龙应”则是观世音菩萨“三十二应”之一，因而很多人相信持用龙眼菩提佛珠具有振威驱邪的效果，是潜心修行者的必备之物。

老龙眼菩提子佛珠（局部）

龙眼菩提子也分为许多种类。有一些龙眼菩提子未经打磨的时候正面会呈现出一个突出的三角形图案，酷似龙眼，因而得名“原始龙眼菩提”；有一些龙眼菩提子形状不规则，在菩提子的表面有三个棱，并与龙眼的三个角相对应，称为“三棱龙眼菩提子”。

木质类佛珠

国人一直以来对于木有很深的情结，那种崇尚木、依恋木、珍视木的传统情结一直延续到了现在。我国先民的衣、食、住、行等所有的生活环节都和木有密切联系。《春秋繁露》曾经记录道："木者，春之性也。"木材因为生发于春天，因而被看成是生命的源泉。这种思想和儒家、道教的天人合一、道法自然、含蓄内敛、终归涅槃的宗教情结和哲学理念紧密地联系在了一起。

在平时，大多数人都会将一些质地坚硬、颜色暗红的木材称为"红木"，而事实上"红木"仅是一个通称，红木中的许多木材都分属不同的科属和类别。根据我国对于红木的划分标准，可以将红木归纳为5属8大类33种木材：

1. 紫檀属

紫檀木类：檀香紫檀（主产于印度）。

花梨木类：越柬紫檀（主产于越南、柬埔寨、泰国），安达曼紫檀（主产于印度、安达曼群岛），刺猬紫檀（主产于热带非洲），印度紫檀（主产于印度、缅甸、菲律宾、巴布亚新几内亚、马来西亚、印度尼西亚，中国的广东、广西、海南及云南引种栽培），大果紫檀（主产于缅甸、泰国、老挝），囊状紫檀（主产于印度），鸟足紫檀（主产于东南亚中南半岛）。

老花梨木佛珠

2. 黄檀属

香枝木类：降香黄檀（海南黄花梨）。

黑酸枝木类：刀状黑黄檀（主产于缅甸），黑黄檀（主产于东南亚及中国云南），阔叶黄檀（主产于印度、印度尼西亚的爪哇），卢氏黑黄檀（主产于马达加斯加），东非黑黄檀（主产于非洲东部），巴西黑黄檀（主产于巴西），亚马逊黄檀（主产于巴西），伯利兹黄檀（主产于伯利兹）。

红酸枝木类：巴西黄檀（主产于热带亚洲），赛川黄檀（主产于巴西），交趾黄檀（主产于越南、泰国、柬埔寨），绒毛黄檀（主产于巴西），中美洲黄檀（主产于墨西哥等中美洲），奥氏黄檀（主产于缅甸、泰国、老挝），微凹黄檀（主产于中美洲）。

木质佛珠

木质佛珠

3. 崖豆属、铁刀木属

鸡翅木类：非洲崖豆木（主产于非洲刚果盆地），白花崖豆木（主产于缅甸、泰国），铁刀木（主产于东南亚，中国云南、广东引种栽培）。

注意：鸡翅木为崖豆属、铁刀木属共有。

4. 柿树属

乌木类：乌木（主产于斯里兰卡及印度南部），厚瓣乌木（主产于热带西非），毛药乌木（主产于菲律宾），蓬赛乌木（主产于菲律宾）。

条纹乌木类：苏拉威西乌木（主产于印度尼西亚苏拉威西岛），菲律宾乌木（主产于菲律宾）。

木质佛珠

上面提到的名贵木材都可以用来加工做成佛珠。其实，只要是自然界生长周期长、质地出色而且硬度高、纹理色泽深沉美观、耐腐性强的木材类型，从古至今一直都是人们加工制作佛珠时用的。此外，佛教经常把那些木质坚硬不朽，香气芬芳永恒，色彩绚丽多变，避邪迎祥百毒不侵的沉香、檀香、紫檀、绿檀、黑檀，并称为“佛教五檀”或“圣檀”，把这些檀木制作出来的佛珠奉为上品。

那些使用名贵树种出产的珍贵木材制作而成的佛珠价格昂贵，所以在持用和收藏的时候就更应该小心谨慎，需要更多地关注。只有这样，才能让佛珠保持最佳的品相。

木质佛珠的养护，需要注意以下几个方面的问题：

（1）对于刚购请回来的木质佛珠，把玩的时候最好戴上白棉线手套，避免直接用手把玩。用这种办法把玩超过 1 周后，珠体表面会出现一定的光泽，这个时候再直接用手把玩。用手把玩一两年后，佛珠表面就会出现稳定的包浆。尤其是那些由小叶紫檀、黄花梨、金丝楠木等材质制成的佛珠，包浆之后会出现玻璃一样的光泽，美丽大方。

（2）人的汗液会对木质佛珠造成损伤，在把玩和使用木质佛珠时，应确保手上是干燥的。用带有汗液

木质雕刻佛珠

的手把玩佛珠，可能导致珠体的表面出现发黑的情况，进而影响光泽的形成。在持用把玩木质佛珠时，手上的感觉要润滑，不能感觉发涩。一旦手感发涩，说明手已出汗，这个时候就应该果断放弃把玩，待手上汗液消失后再把玩。

（3）木质佛珠受潮后，可能出现涨裂的情况，因此，当木质佛珠不小心碰到水时，可使用干净柔软的布料将其擦干，严禁暴晒和风干。之后戴上白棉线手套把玩几日，使其恢复原貌。

（4）由于有些木材（例如小叶紫檀）内部会出油，把玩者如果使用了太多的油或者蜡进行抛光，可能效果会变差。因此刚刚购请回来的木质佛珠，不必着急地进行打蜡和上油的操作。最好是戴白线手套把玩一段时间，确保珠子不掉色，并出现琥珀感为止。

木质佛珠珠粒

沉香佛珠

沉香佛珠

沉香还常被称为“沉水香”“水沉香”“黑沉香”“蜜香”“白木香”“女儿香”“耳香”“燕口香”“蓬莱香”“芝兰香”“密香”等。在梵语中则音译为“阿伽嘘”“阿伽楼”“阿竭流”“恶揭噜”等。梵语意思为“不动”。《增广本草纲目》中对于“沉香”词条的记载表明，沉香根据不同的产地、形色、等级，可以分为“栈香”“黄熟香”“刺猬香”“鸡骨香”“海南沈”“上沉香”等类型。有一种带有黑色光泽的沉香，被称作“伽罗”，这属于沉香中的上品。

沉香的香气自然而且清新脱俗。沉香树的树干在生长时遭受真菌入侵，菌类的寄生导致树体内部出现变化，经过一系列物理和化学的作用和多年的沉积，在沉香木内形成了香脂。沉香木常被应用到养生、宗教、医疗与艺术等多个方面，人类迄今为止使用沉香的时间已经超过了 3000 年。

伊利安沉香手串

文莱沉香手串

老沉香佛珠

沉香木在生成的过程中吸取了世间的精华，宛如麝香一般，坚如木石，更是被历朝历代的人们称为“香中之王”。由于沉香那文雅静美的色泽、内敛低调的外观、美丽而不妖冶的特征，能够触动人心，沉香获得了宗教的推崇，甚至被称为“可通三界灵气”的宝物，是佛教、道教、天主教、基督教、伊斯兰教等世界各大宗教共同认可的珍贵木料。

沉香佛珠

沉香佛珠

佛教使用沉香的历史是很悠久的，比如供佛使用的线香和卧香，早期大都带有沉香木的成分。沉香同样是“浴佛”时使用的主要香料，那些使用沉香木所雕刻的佛像、佛珠等都被看作极其珍贵的法器，一直以来佛家在礼佛、参禅、打坐、避灾保身、诵经时都将沉香法器当作圣品。佛教认为，沉香在燃烧过程中，能够将香气发散于心中，这对于人们保持正念，增加定力，化烦恼为菩提，将自己的良好修行上报于诸佛和菩萨都有帮助，这样则能够增长善根，最终让人们早登圣地。

沉香在我们国家的中医学当中也一直都是极其珍贵的药材。沉香本身性辛、微温、无毒、带有清香、有利睡眠、能够通关开窍、畅通气脉、行气镇痛、温中断呕、纳气平喘，对于养生和治疗疾病都有帮助，中医学经常把沉香做成沉香粉、沉香饮片、沉香曲等入药。

一般情况下，按照沉香的产地、油脂含量、结香方式、结香部位等，可以把沉香分为多种类型。按照出产地区进行划分，沉香的类型则有光香、海南栈香、番香等；依据沉香的油脂量来划分，常见的类型包括沉水香、栈香、黄熟香等；按照聚酯的状况进行划分（沉香结

沉香佛珠

沉香佛珠

香的不同方式），沉香可以简单分为熟结、生结、脱落、虫漏 4 大类。

按照沉香质地的坚实与疏松，散发香气的浓烈程度，可以把沉香划分成 4 类规格：质重香浓的一号香、质坚香浓的二号香、质较松香味较淡的三号香、质浮松香味淡的四号香。

沉香有不同的结香部位，因此在香气方面也会有较大的差异。木芯与节坚固，颜色发黑，而且能入水即沉的称为沉香；半沉于水者则称为鸡骨香；树根为黄熟香；树干为栈香；细枝尚未腐烂的称为青桂香；棍节部分大而轻的称为马蹄香；花无香气，结果之后才散发香气的称为鸡舌香。

沉香佛珠的把玩方法

把玩沉香佛珠既有乐趣，又能修身养性，故把玩时千万不能急功近利，应慢慢盘养，在珠子的变化中，获得精神上的满足，其把玩的具体方法如下：

（1）用柔软的棉布轻轻盘搓 1 周。

（2）自然放置 1 周，让珠子自然干燥，在这段时间内，珠子表面会均匀和空气接触逐渐形成细密均匀的氧化保护层。

（3）接着进行手盘。要保持手的干爽洁净，注意不能有汗渍。一天可以盘 15 分钟左右，2 周以后，珠子就会形成一层薄薄的包浆。

（4）再放置一段时间，让珠子自然干燥，使包浆进行一定程度的硬化。

（5）重复步骤（3）和（4）的过程，如果盘得成功，珠子会显现有灵气的光泽。

（6）如果珠子脏了，可以用微湿润的棉布擦拭几遍，静置一段时间再盘。

沉香佛珠

沉香佛珠

沉香佛珠的鉴别

现在市场上的沉香木赝品越来越多，以假乱真的情况非常严重，购买时必须慎重考虑。有经验的人会采用一些鉴定沉香的方法：

（1）品其味：正品沉香散发的香气带有甘、甜、醇、馨（渗透性）的特点，香气清新怡人，让人有一种凝定心神，断除烦恼，身心舒畅的感觉。正品沉香的香气是持久的，甚至会随着时间的推移越来越香。赝品沉香就完全不同了，因为在其中大多加入了化学香料，因此散发的香气往往是猛烈而浓郁，有一种浑浊的感觉，嗅之令人厌恶。其香味也会随时间推移而逐渐变淡，甚至消失。

（2）观其色：正品沉香的生成过程中要受光照、水分、土壤等一系列环境的影响，色泽可能略有差别，不太一致。正品沉香木的色泽整体是自然的，伴随时间推移色泽会越来越深，油脂腺也会越来越多，而赝品沉香常常通体呈现黑色，作假技术高的，可能会伪造出一些木纹或斑痕，在购买沉香制品时要特别留意那些花纹美丽的，必须仔细辨别其自然色泽。要知道，那些具有木纹及含油者，也未必都是真货。

（3）注意重量：沉香的木质相当坚硬，因此整体的重量是很明显的。有经验的人，把沉香拿在手上掂量一下，便可体会材质与其比重的合理性。因此，如果碰到过轻或者过重的沉香，更需要谨慎地加以审视。有些不法的商家甚至可能在沉香中加入铅块等物增重。

（4）鉴其形：沉香属于天然形成的木料，所以仔细观察沉香的形状，察看一下是否自然，同样可以判断真伪。

天然沉香佛珠

老沉香佛珠

沉香分类

现在市场上对于沉香佛珠的公认的、统一的衡量标准还没有，这里按照越南出售沉香佛珠的习惯，把沉香佛珠进行一番大概的分类，让朋友们参考一下：

（1）沉香佛珠的一级品：一般情况下使用珍贵的奇楠一级品制作的沉香佛珠是最高的等级。因为奇楠质地较软，非常容易出现变形的情况，实际上并不适合制作佛珠，多数情况下并不会使用奇楠作为佛珠原料。那些被鉴定为一级品的沉香佛珠，并不会完全使用奇楠一级品。

（2）沉香佛珠的二级品：越南人把沉香佛珠的二级品称作“A货”。多数人认为市场最多的沉香佛珠便是A货，其实真正能够达到二级品标准的沉香佛珠也是很少的。A货同样是十分珍贵的沉香佛珠。

（3）沉香佛珠的三级品：市场上最普遍的沉香佛珠便是三级品，这种佛珠的油脂含量较低。整体特点就是味道清淡，不浓烈。一般说来，三级的水沉和三级的土沉的颜色外观都为黑灰色。只是土沉的毛孔比较粗大，毛孔整体比较清晰；水沉的毛孔就比较细致了。沉香佛珠三级品散发的香气多数无法透过密封的塑料袋。佛珠三级品非常适合人们持用佩戴。三级品的木头略干而硬，味道也没那么香，可是仍然有清香，很多年轻人都喜欢这样的感觉。

沉香佛珠高贵典雅，佩戴时必须倍加呵护。下面有一些注意的事项供大家参考：

（1）保证沉香佛珠远离香水、洗发香波、肥皂、香皂、洗衣粉等化妆品和洗涤用品，因为沉香本身具有沉香油脂，而油脂很容易和此类化工产品产生化学反应而导致失去香气。

清代沉香佛珠

（2）佩戴沉香佛珠时要避免阳光直射，更不能有光线暴晒的情况。沉香佛珠应该远离暖炉和热水袋。沉香的化学成分是树脂，因此熔点很低，长久使用则可能影响沉香佛珠的质量。

（3）沉香佛珠本身不怎么害怕汗水，可是经过长期佩戴后会形成透明的包浆，之后佛珠的味道会变淡。这个时候使用 400 号以上的砂纸轻轻打磨一下，味道就会重现。可是一般情况下还是要避免使用砂纸，以免造成磨损。沉香佛珠平时不戴时，应将其装入封口袋中保养。

（4）晚上入睡前可以将佛珠摘下然后放到枕头旁边，既有利于佛珠养护，也有利于帮助睡眠。

檀香佛珠

檀香还常被称为“旃檀”“栴檀”“枋陀那”“栴弹那”“梅檀香”“真檀”，《本草纲目》中称为“檀香”“白檀”，属于檀香科檀香属的高大常绿乔木。这种乔木可以长到几丈高，檀香木优雅芬芳且利于雕刻。北京雍和宫当中还藏有一尊高达 26 米、直径 3 米的白檀巨佛雕像，这尊雕像就是利用一整根檀香原材雕刻而成，因此也最终成为了举世无双的艺术珍品。

印度老山檀香佛珠

檀香佛珠

檀香可以分成赤、白、紫几种。檀香树的生长周期很长，一般经过数十年的生长方能成材。在此之外，檀香树本身是一种半寄生性的植物。檀香树的树根仅能从土壤中吸取少量营养，主要的营养来源还是用根状吸盘吸附在豆科的印度黄檀、凤凰树、红豆树等寄主植物的树根上来获取营养，如果旁边没有寄生植物，檀香树压根儿无法存活下来，另外寄主植物本身不能长得太高，否则，檀香树也会因此而枯死。因为这样，檀香数量稀少而且非常珍贵。

檀香木本身质地坚韧，表面细腻、光滑、手感好，檀香木的颜色多为黄褐色或深褐色，老料的色彩则会更深一些。外观的纹理一般都是笔直或微呈波形，年轮不太明显。檀香多数情况下都是使用檀香木的芯材部分，因为边材部分是没有香气的，边材是白色，并不在可用

檀香佛珠（局部）

的木料之内。虽然檀香的包浆不如紫檀或黄花梨显著，可是檀香木本身木质致密，有长久的幽香，檀香木还能够防虫、防腐，一直以来都受到人们的喜爱，常常被人们雕制成佛像、佛珠、人物、檀香扇、珠宝箱、首饰盒和拐杖等物品。

檀香的气味清香而悠远，能够让人们感觉到宁神清心，有利于人们去除烦恼，专注意念，因而也受到了各种宗教的推崇。佛教将檀香称为“旃檀”，翻译过来就是“与乐”，意思就是说能够给人一种安静和愉悦的感觉。《慧琳音义》中说：“旃檀，此云与乐。谓白檀能治热病，赤檀能去风肿，皆是除疾身安之药，故名与乐也。”在皇家

檀香佛珠（局部）

祭祀和举行礼仪的时候，檀香同样是必备的物品。

檀香还是一种中药材，医书中描述檀香具有“辛，温；归脾、胃、心、肺经；行心温中，开胃止痛”的功效，能够抗菌消炎、理气和胃、润肺镇咳、安和心智、安神开窍，使用可以改善睡眠质量。

檀香虽在根、干、枝、果实的部分都含有油脂，但还是以木质芯材为主。越靠近树芯或树根，材质也会越好，含油量会随之增加。檀香还常用来制作香木粉、香木块等原态香材或用来提炼檀香精油。

檀香佛珠

檀香种类

檀香的主要产地为印度、印度尼西亚、澳大利亚、太平洋岛屿等地。在历史上，商人和工匠们普遍将檀香分为印度老山香、澳大利亚新山香、印度尼西亚地门香和澳大利亚雪梨香 4 种，这其中品质最佳的就是印度老山香。我国南方也有少量出产，但是大部分都需要进口。

（1）印度老山香：产地为印度，还被称为“白皮老山香”“印度香”。这种木料的色白偏黄，油质丰富，材料的条形直，板材宽，质地细腻致密，木料材质光滑，香气醇正，绵柔悠长，是檀香木中的极品。

（2）澳大利亚新山香：产地为澳洲。相比印度老山香条形偏细，香气也比较淡。

（3）印度尼西亚地门香：地门的原文是“Timor”，主要产地为印度尼西亚与东帝汶。地门香的条形不直，曲折且多分杈和结疤。

檀香佛珠

古檀香木佛珠

（4）澳大利亚雪梨香：原产地为澳大利亚及其周围的南太平洋岛国，最佳的檀香为斐济的檀香。

现在市场上的檀香木数量非常少，已经出现了供不应求的情况，因此价格也一再飙升，于是造假的檀香木也出现了。作假的一个手法就是利用檀香属的其他木材或不同科属，但外观非常接近檀香的木料来冒充檀香木，最常见的冒充木材有白色椴木、柏木、黄芸香、桦木等，这些木材经过了人工除色或染色，便可以假冒成檀香木。假冒的檀香木在木纹和质地方面有很大的差别，相比于真的檀香木区别是相当明显的，有经验的人凭肉眼就能识破。另外还有的使用香精喷洒或浸泡木料，伪造檀香木发出的香味。正品檀香木的香气非常厚重而醇香，即使因为年代久远而可能略有减弱，可是只要用刀片稍微刮削，仍会出现天然的香气，而那些采用人工增香的假冒檀香木，香味非常生硬，而且带着浓烈的刺激气味，根本无法与真正檀香木那醇和悠长的香味相比拟，更无法保证常年香气馥郁。

檀香佛珠的养护

檀香佛珠的养护有一些注意的要点：

（1）在购请了新檀香佛珠之后，最好不要马上就持用或者是佩戴，先静置佛珠1周时间，这能够保证佛珠自然干燥，使其表面均匀地与空气接触，最终形成细密的氧化保护层。

（2）使用柔软的棉布或戴白手套进行把玩，时间为1周，可以起到抛光的作用。软布或白手套可能在佛珠的表面增加一些痕迹，这些痕迹不用担心，大约1周后颜色就会变淡。

（3）使用洁净而且干燥的手开始把玩。把玩时，注意顾及到佛珠的孔口处，经过了1～2周的把玩，会感受到珠体的黏阻感，这意味着佛珠表面出现了一层薄薄的包浆。此时可以暂时放置1周左右，令其自然干燥，保证包浆硬化。如此重复约3个月的时间，便会看到类似玻璃般的灵气光泽。

（4）发现佛珠表面出现了轻微脏色，则可以利用略微湿润的棉布进行反复的擦拭，之后静置1周再进行把玩便可，如果表面比较脏，也可以利用搓澡巾用力搓其表面，以便清洁珠体表面的蜡层、脏色，之后再进行上蜡抛光。

暴老灵骨佛珠

百年老金刚菩提子佛珠

紫檀佛珠

紫檀属于豆科的植物，一共有 15 种，产区包括热带、亚热带。这里主要介绍印度的豆科紫檀属的“檀香紫檀”，这种紫檀又名为“鸡血紫檀”，人们俗称为“小叶紫檀”，小叶紫檀是紫檀木中最昂贵和珍稀的木材，而事实上，小叶紫檀才属于真正紫檀木类。平时我们说到其他紫檀木，比方说出产于越南、柬埔寨、泰国的越柬紫檀，出产地在印度、安达曼群岛的安达曼紫檀，产地在热带非洲的刺猬紫檀，缅甸、泰国、老挝出产的大果紫檀，东南亚中南半岛出产的鸟足紫檀，印度本地出产的囊状紫檀，以及主要产地为印度、缅甸、菲律宾、巴布亚新几内亚、马来西亚、印度尼西亚及我国广东、广西、海南、云南引进并栽植的印度紫檀都不是真正的紫檀，这些木材其实应该归于花梨木类中。

老紫檀佛珠

紫檀正圆佛珠

小叶紫檀的产地集中于热带、亚热带的原始雨林当中，是一种罕见而稀少的树种，印度的小叶紫檀是质量最好的木料。关于紫檀木有句话叫“十檀九空”，这句话的意思是小叶紫檀基本无大料，材料直径最大有20厘米，稍微再大一些就会出现空心的情况，因此愈发显得名贵。小叶紫檀喜湿热气候，要求生长地区年温度超过25℃，气温最低为2℃，年降水一般在1000～2000毫米。小叶紫檀有发达的树根，而且树根上的根瘤能够固定氮，因此对土壤的要求并不高。一般种植后6～8年，可以开花和结果，开花期4～5个月，果期9～10个月。

小叶紫檀佛珠

紫檀木在硬木当中也属于密度较大而质地坚硬的，紫檀木很重，棕眼小而木纹不明显。紫檀木的颜色为黑色，整体感觉静穆而稳重，这一属性同样是任何木材都无法比拟的。我们国家从古代就意识到了紫檀木的这种独特价值。早在东汉的诸多史料典籍中就有了很多紫檀木料加工制作车舆、乐器、高级家具及其他精巧器物的文献记载。明代初期和海外诸国的交流就包括郑和 7 次下西洋，在这些贸易交往中，经常也会涉及一些珍稀的木材，这之中就有紫檀木。明代皇室非常喜欢紫檀木，因此郑和 7 次下西洋的过程中，都从海外各地采购了大量的紫檀木料，但是仍旧满足不了皇室的需求，之后明代皇室还曾经派遣官员前往南洋地区采购，因为这样，大量的私贩出现了。到明代末年，南洋各地的优质木材已基本采伐殆尽。紫檀木更是几乎绝迹，使得当时世界上的紫檀木绝大多数汇集于中国。据史书记载，直到清代时期朝廷使用的紫檀木几乎仍旧是明代时期遗留下来的，虽然清代也曾派人到南洋采过紫檀木，但大多已粗不盈握，且曲节不直，根本无法使用。这同样是因为紫檀木生长缓慢，数百年都无法成材，明代采伐一空，自然清代无法获取了。

金星紫檀佛珠

紫檀佛珠辨伪

市场上的紫檀木数量非常稀少，一些不法的商贩则趁机开始制假售假，经常利用其他木材来以假充真，以次充好。合理判断紫檀木需要综合 5 个方面的内容：

（1）看：观察紫檀木的木质颜色和纹理。真正的印度小叶紫檀，新木的颜色为紫红，时间一久，颜色才逐渐变深。相比于非洲的大叶紫檀，小叶紫檀不但有花纹，而且有莹润的光泽，非洲大叶紫檀外观整体为紫黑色而且无光泽。小叶紫檀木纹不明显，相比于大叶紫檀的粗糙纹理，小叶紫檀基本看不到纹理，颜色较浅些的，打磨后会有明显木线，可能出现棕眼。一般来说，大叶紫檀的纤维是比较粗的，干燥收缩后，因为每个机体的收缩度不同，可能出现不同的空隙，这些纹理常被称为“牛毛纹”。

紫檀佛珠

小叶紫檀佛珠

（2）掂：紫檀木本身材质细密，材质很重，因此可用手掂试物件的比重，然后感觉重量是否符合标准，当然这手感不能直观地描述出来，要靠自己长期积累经验不断摸索才行。

（3）闻：使用小刀细细刮一下木材的表面，闻一闻木屑的气味。一般情况下小叶紫檀的味道都是清香的，如果木屑香味过浓，或者毫无香气，就应该慎重。

（4）泡：从木料上割下一点木屑，浸泡在白酒或者瓶装水中。正品的紫檀木浸泡后就会出现一道道血红色的丝条，同时还会带有荧光，还可以使用蘸了酒精的棉球来擦拭木料的表面，如果棉球呈紫红色，就是紫檀。通常老紫檀浸水不掉色，涂上颜色一擦就掉；那些新的紫檀木即使沾水也不会掉色，涂上颜色也轻易擦不掉。

（5）敲：对紫檀木进行敲击，正品的紫檀木听起来清脆悦耳而且没有杂音，其实在戏剧曲艺演出中用到的那些打击器材大多是使用紫檀木进行制作的。所以，人们可以通过轻轻敲击紫檀物件所发出声音的状况，来判断紫檀的真伪。

紫檀佛珠的养护

紫檀佛珠的养护同样有许多需要注意的方面：

（1）刚购请回来的紫檀木佛珠，要先用柔软的布或白线手套将佛珠进行把玩，这可以保持紫檀木本身的外观特色，等出现琥珀般光泽后，才可直接上手把玩。

（2）上油的工艺能够加深紫檀木的颜色，因此，如果收藏者本身不偏爱深色，则不要轻易上油。那些品质优秀的紫檀木，一般都具有天然油性，平时把玩时人皮肤分泌的油脂，也照样会使佛珠的色泽变深。

（3）给紫檀木上蜡可能会阻塞“毛孔”（棕眼），因此，不可轻易上蜡。

（4）由于紫檀佛珠遇到酒精、化学溶剂等会引起脱色，平时应该注意远离酒精和化学溶剂。

小叶紫檀佛珠

黑檀佛珠

黑檀佛珠

人们对紫檀是很熟悉的，而且紫檀很名贵大家都明白，因此，很多商家不管出售的高级木材属于哪种科属，总会牵强附会地加上“檀”字，以使人们联想到可能与紫檀的材质大同小异，进而提高木材身价。“黑檀”也是因为这种心态而命名的。黑檀不属于紫檀的“近亲”，甚至和紫檀不同属。黑檀的科学名称应该是“乌木”。

乌木集中分布于热带、亚热带的原始森林之中，乌木的资源很少，印度尼西亚、印度、泰国、缅甸为主要出产国。根据前面的分类我们知道:乌木属于柿树属，其中有两大类树种，包括斯里兰卡及印度南部的乌木、产于热带西非的厚瓣乌木；产地为菲律宾的毛药乌木和蓬赛乌木，另外还有一种条纹乌木类，也就是出产于印度尼西亚苏拉威西岛的苏拉威西乌木和产于菲律宾的菲律宾乌木。在世界上具有代表性的乌木

黑檀佛珠

则是印度尼西亚出产的苏拉威西乌木，因为处于热带地区，因此常年炙热干旱，树木生存环境极为恶劣，生长速度非常慢，经历上百年甚至几百年以上的时间才能成材，苏拉威西乌木因此成了国宝级的植物。

黑檀辨别

黑檀木有显著的特征，在芯材和边材方面的差异很显著。边材多为白色（略带黄褐或青灰）至浅红褐色；芯材则为深黑色（纯黑色或略带绿玉色），一般还能够发现深浅相间的排列条纹。黑檀木的材质结构细腻，质地较重，富有光泽，并没有明显气味，且耐腐蚀、耐久性强，用于高档家具和工艺品的制作是最好的。

黑檀佛珠

正宗苏拉威西黑檀有一些显著的特点：木料本身的比重超过水，因此入水即沉。木材含油量高，经高温炙烤后会出油，精细抛光后略有透明感，少见开裂和磨损的情况，硬度高，新木颜色通常为紫黑色，木材的纹路类似于山脉；老木的颜色变为纯黑，木纹基本消失。木料纤维细腻，无毛孔，耐潮湿，遇水后，使用干布进行擦拭便可以让其重现光泽。

使用正宗苏拉威西黑檀为材质进行制作且抛光后的黑檀佛珠，外观光洁美丽，时间久后，佛珠本身所分泌出来的油脂，可在佛珠的表面形成包浆一样的现象，包浆越饱满、越厚实，在持用和收藏方面的价值也会越高。

扁珠黑檀手链

黄花梨佛珠

海南黄花梨木和前面提到的紫檀木，以及乌木均属于木材中的上等材质。黄花梨木的稳定性非常强，即使遭到严寒和酷暑都不容易变形、开裂和弯曲。黄花梨木的木材韧性很好，精品家具常使用此种木材制作，明清时期的主要硬木家具基本都是用海南黄花梨制作。在黄花梨木当中，以黄褐色的木材为上等材质。使用黄花梨制作的上乘佳品，从外观艺术审美和使用者的角度来看，那种感觉都是其他木材无法比拟的，海南黄花梨常被人们认为是汇聚天地万物之灵气于一身的圣物，备受人们的喜爱，而用海南黄花梨精制而成的佛珠自然也成了佛珠中不可多得的精品。

由于海南黄花梨佛珠那美丽而不张扬的外观，以及独特超然的香

黄花梨佛珠

越南黄花梨佛珠

气和佛教的那种意境不谋而合，因此深受佛教信众的喜爱。许多的史料当中都对佛教信众使用黄花梨佛珠进行修持进行了记录，并认为持用海南黄花梨佛珠修行，不仅可以帮助人们更好地领悟佛教精髓，进而达到那种超然忘我的境界，还能够辟邪去灾、护佑持用者，这便使得更多人对海南黄花梨佛珠情有独钟。时至今日，海南黄花梨佛珠早已成为了人们馈赠亲朋好友的信物和寄托祝福的佳品。

“黄花梨木”这个名字类似于“黑檀”，其实并不是一种学名，仅仅是俗称，黄花梨的学名为降香黄檀。降香黄檀属于黄檀属香枝木类，主要的出产地在我国的海南，因此也得名海南黄花梨，简称“海黄”。

海南黄花梨的植株能生长到 20 米，胸径可达 0.8 米，是海南特有的珍贵树种。海黄的质地坚韧，温润且有质感。纹理美观清晰，具有多种变化，常见的木材花纹包括麦穗纹、蟹爪纹等，花纹同样若隐若现。海黄的边材色淡，芯材则为红褐色。海黄的比重相对较轻，入水可呈半沉浮状态。海黄有一个显著的特征，那就是海黄的木纹中经常可以发现生长过程中出现的结节、结疤，这俗称为“鬼脸”。这些鬼脸平整、不开裂，经常呈现出非常神奇的图案，诸如狐狸头、老人头及老人头毛发等纹理。鬼脸纹同样是判断海黄真伪的主要特征之一。按照海黄的一系列特征，在制作器物时同样可以进行灵活的利用和发挥。海黄制作的器物多数表面光素，不加雕饰，给人以文静、柔和的感觉，这能够进一步彰显出木材的自然美。在《广州志》中曾经就有记录：“花榈色紫红，微香，其纹有若鬼面，亦类狸斑，又名‘花狸’。老者纹拳曲，嫩者纹直，其节花圆晕如钱，大小相错者佳。”

海南黄花梨包括黄花梨和油梨两种类型，其中黄花梨别名叫“糠格”或者“糠梨”。这种木材的颜色较浅，主要为浅黄褐色。纹理以黑线花纹居多，还可以观察到深褐色或红线花纹。材质较轻，纹理较细，花纹颜色与材质颜色色差变化不大，荧光感强，经常带有半透明的感觉，

黄花梨满鬼脸佛珠

老海黄佛珠
隔片：海螺、南红玛瑙
顶珠：蜜蜡

其中还有一些金色的丝状物，古代王朝经常将黄花梨作为进贡皇家的木料。黄花梨主要出产在海南的东部和东北部。海南黄花梨中的油梨则被称为“油格”或“油料”，特点是材色通常不太均匀，颜色深且多为红褐色和紫红褐色，有一些更接近黑色。油梨的纹理明显，花纹颜色与材质颜色色差明显，油性强、硬度高，更加耐磨。油梨主要产于海南的西部。

虽然黄花梨树种植相对容易，不难成活，可是黄花梨长成材需要成百上千年的时间。通常一棵碗口粗的树的可用材，仅有擀面杖大小，也因为这样，黄花梨木变得非常名贵。在国际上始终没有对越南产黄花梨的准确登记和注册，因此这种树木一直存在命名的准确性问题。民间将这种木材称为“越南黄花梨”，并简称为“越黄”，但中国红木标准仍将其称为“越南香枝木”。海黄的木料资源现在也变得非常

老海黄佛珠
隔片：海螺
佛头：缠丝玛瑙
弟子珠：南红玛瑙
顶珠：蜜蜡

短缺。许多自称为越黄的木料，产地根本不是越南，很多是从老挝进口的“香枝木”，在质地颜色等方面都有显著差别，也都要比越南产的黄花梨木差很多。

海黄和越黄的区分

根据几个方面可以初步分清海黄和越黄：

（1）看颜色：海南黄花梨木的颜色呈深浅分布，具体有浅黄、金黄、橘黄、红褐、赤紫、深褐等几种，这些不同的颜色也反映出木材的比重、油性、气味的差异。那些颜色较重的材质一般会比重较大、油性较大、气味较浓；那些颜色浅显的，则比重较小、油性较小、气味稍淡。木材的取材位置越接近根部，比重和油性也就越大。

黄花梨佛珠

海黄在明代时期受到了文人雅士的追捧，正是由于海南黄花梨在颜色、花纹方面均有不同的差别，颜色庄重典雅，淡定又不会过于沉寂，达到了活泼与沉稳的完美结合，这种特点暗合了“雅”的心理审美需求。从颜色上看，海南黄花梨的颜色通常整体表现为暗红色，相比越南黄花梨的颜色显得更加深沉，而越南黄花梨的整体颜色更接近于亮橙色，这种颜色比海南黄花梨的颜色更加活跃。

黄花梨佛珠

有些越黄的根料，在颜色、纹理、木质等方面都非常类似油梨，粗看之下无法分辨。这主要是由于越黄树木比海黄更高大粗壮，而根系自然也就更加发达。因此，这些非常类似海黄中油梨的越黄根料，还经常被用来制作小物件，然后冒充海黄料器物进行出售。不过有经验的人还是能够观察到越黄根料的黑色部分，这种原料和海黄中油梨的黑色部分差别是比较明显的，海黄油梨料中的黑色纯净，而越黄根料的黑色中还可以察觉到交杂的红色部分，而且这些非黑色部分的反差要比海黄料大一些。

黄花梨佛珠

（2）看花纹：海黄的花纹同样是组成“雅”的一部分。海黄本身具有淡雅的香味，海黄那特有的花纹也能令人陶醉。海黄的花纹中最著名的也就是“鬼脸”，密密麻麻的“鬼脸”，木材的纹路类似于“麦穗”或者是“虎皮”，条纹分为流线、弯曲，甚至直的线条。这些线条无论粗细都具有流畅的花纹，都会给人一种优雅的美感，不过也不是所有的海黄都带有美丽的花纹。一些使用老料、大料或老料的边角料做出来的物件，就可能没有什么花纹，可是还是有收藏价值的。也因为这样，仅凭花纹的情况来判断海黄的真假与好坏是不客观的。

（3）看质地：普通的木材棕眼越小，木质也就越致密。海黄本身就是坚硬而且细密的；而越黄的材质则要粗软一些，质地坚硬的越黄木料不多见。也因为这样，人们不能简单地从质地上加以区分，而应该根据情况，全面综合考虑才是。

草花梨佛珠

海南黄花梨佛珠

（4）闻香味：海黄所带有的香味都是非常独特的。可是海黄的香气不同于沉香那样浓密而且持久。通常木材为新切面或者密封较严时，才比较容易闻到；当木料在空气中暴露时间较长后，香味就会慢慢淡去，直到刮开新的表面才又会散发出来。如果器物本身是用千年难遇的老料进行加工制作的话，即使在雨天或者潮湿的天气，也会散发出幽幽降香，打蜡抛光一样无法封住香气。

海黄本身的香气有一种辛辣感；而越黄则多为酸香。当然，单纯依靠香味对海黄和越黄进行区别并不科学。首先，不同产地的黄花梨香味是不同的，同一种海黄或者是越黄树种，生长的区域不同，香味也是有差异的。其次，伴随着存放时间和存放环境的变化，木材的气味也会出现变化。虽然如此，木材的气味本身还是“雅”的。海黄的香味大多是清雅温柔，香气一般不会特别浓厚；越黄的气味多数很清淡，少数木料的香味较浓。

（5）看荧光：木材当中的单宁成分会直接导致木材出现荧光。如果木材当中的单宁含量很高，荧光就会变得更加强烈，如果含量很少，则荧光较弱。从整体上来看，海黄散发的荧光比越黄要更加强烈。

（6）看沉水：多数情况下质地坚实且油性大的木材，都会出现沉水或者是半沉水的情况，油性较小的木料则多数不沉水。一般海黄中仅有少数重的料或成品入水即沉，多数都会稍微浮出水面。

（7）芯材大小：一般说来，海黄的材料直径普遍较小，能见到的最大直径也不过 30 厘米。而越黄的树材则要更加粗大。过去几十年，在市场上能够发现一些直径七八十厘米的越黄原材料，可是现在碰到的越黄木材直径则只有 20 ~ 40 厘米。

黄花梨佛珠

海南黄花梨虎皮纹佛珠

综上所述，想准确地辨别海黄与越黄，需要非常丰富的经验积累，仅仅依靠某种方法恐怕很难奏效。最好的方法还是要通过多看、多闻、多上手，在实践中积累经验，才能使自己鉴别的成功率不断提升，失误逐渐减少。

黄花梨佛珠的养护

对于海黄佛珠的养护则要注意几点：

（1）刚刚购请回来的黄花梨佛珠先要使用白棉线手套把玩大约1周，让佛珠的表面具有一定的光洁度，再转为用手直接持用把玩为宜。这样把玩一段时间后，佛珠的表面会出现稳定的包浆，有一种玻璃的光泽，非常漂亮。持用把玩时，有时候可能会感觉到手心发涩，说明手已出汗，不要再盘，否则会越盘越无光泽。黄花梨佛珠把玩后发黑且无光泽，多数是因为沾染了汗液。

（2）应注意使黄花梨佛珠避免阳光直射或暴晒，避免佛珠因为过于干燥而出现裂纹、变形或变脆的情况。

（3）黄花梨佛珠可能因为潮湿的环境而膨胀、发霉，这个时候要特别注意防潮。同时也不能用湿布擦拭或用水来冲洗黄花梨佛珠，黄花梨佛珠沾水后要用干净的棉布拭干。

（4）要注意避免黄花梨佛珠与化学洗涤剂相接触，生活当中的碱水、酒精等具有腐蚀性的化学品更不能接触佛珠，避免因此造成损毁、破坏等情况。

（5）由于黄花梨佛珠为木质，容易出现尖锐硬物划伤珠子的情况，因此要让佛珠远离这些尖锐之物。如果长期不用，应该妥善保管，防止虫蛀鼠咬。

黄花梨佛珠

宝石类佛珠

玛瑙佛珠

玛瑙的花纹非常美丽，从古至今都受到了人们的喜爱。皇家宫殿内，玛瑙工艺品就常常成为装饰的主要工艺品，当皇室进行礼仪和庆典时同样是不可或缺的。在一些考古发现的古代墓葬中，常见成串的玛瑙球，且以项饰为多。世界上关于玛瑙美丽动人的传说并不少见。

老南红玛瑙佛珠

老缠丝玛瑙佛珠

李时珍在《本草纲目》中曾经把玛瑙称为“文石”。玛瑙和佛教也有很深的渊源，这种饰物常被视为“七宝”之一。当佛教尚未传到我们国家之前，我们并不把这种玉石称为“玛瑙”，而是将其称为“琼”“赤玉”“赤琼”“琼瑶”。“玛瑙”的名字最早见于佛书。关于玉石的典籍《石雅》中说，“后汉安世高译《阿那邠邸七子经》云：北方有国，城名石室，彼有伊罗波多罗藏，无数百千金银珍宝、砗磲、玛瑙、真珠、琥珀、水精、琉璃。唐陈藏器云：马脑生西国玉石间，来中国者，皆以为器，一称马脑珠，胡人谓马口中吐出者。凡是，明白佛教流传中土，玛瑙始著称，则东汉以前固不以玛瑙名矣”。

南红玛瑙佛珠

关于玛瑙是石头还是玉的问题的争论起于魏晋，一直争议到明代。按照《石雅》中的记载，曾经有将玛瑙写成石字旁的，认为是石，不过最终还是认为玛瑙是玉的一方获得了胜利，这才放弃石字旁，而将其改为玉字旁。

新南红玛瑙佛珠

玛瑙类似于水晶和碧玉，也主要由石英矿构成，玛瑙的化学成分是二氧化硅。玛瑙在矿物分类中是玉髓类。玛瑙的硬度为 6.5 ~ 7，比重 2.55 ~ 2.91，折光率 1.535 ~ 1.539，断口呈贝壳状，具有玻璃一般的光泽。材质纯洁的玛瑙为白色，玛瑙在形成的过程中含有铁、铝、钛、锰、钒等化学元素，常有红色、蓝色、灰色等各种颜色。玛瑙的产地非常广泛，我国每个省份基本都有出产。在世界范围内，欧洲、北美以及东南亚地区也生产玛瑙。巴西和印度出产的玛瑙是最著名的。

玛瑙颜色丰富、质地细腻，而且有多种形状，光洁美观，备受人们喜爱。玛瑙同样是制作工艺美术品时常用的材料，玛瑙常用来加工成佛珠、手镯、摆件和一些小挂件，如此之多的用途是一般玉石不能比拟的。

保山料南红玛瑙佛珠

南红玛瑙佛珠

一般按照玛瑙本身的不同颜色对玛瑙进行命名。一般公认红玛瑙为上品。介绍玛瑙的著作《格古要论》中说到“玛瑙无红一世穷”。玛瑙上面经常有一些同心层状和规则的条带状的纹路，按照这些纹路的不同，可以分成缠丝玛瑙、条纹玛瑙、苔纹玛瑙、火玛瑙、缟玛瑙等。

玛瑙的不同类型

目前市场上的玛瑙，主要有以下几种分类：

（1）红玛瑙：指的就是红颜色的玛瑙，古代的“赤玉”说的就是这类玛瑙。红玛瑙还分为东红玛瑙和西红玛瑙。 东红玛瑙指的是那种天然含铁的玛瑙，这种玛瑙经过加热处理就会呈现出鲜红色、橙红色，这种玛瑙因此还得名“烧红玛瑙”；西红玛瑙则是一种天然的红色玛瑙，西红玛瑙的颜色有暗红色和艳红色之分，另外西红玛瑙主要出产于西方，故而得名，我国古代出土的玛瑙，均属西红玛瑙。

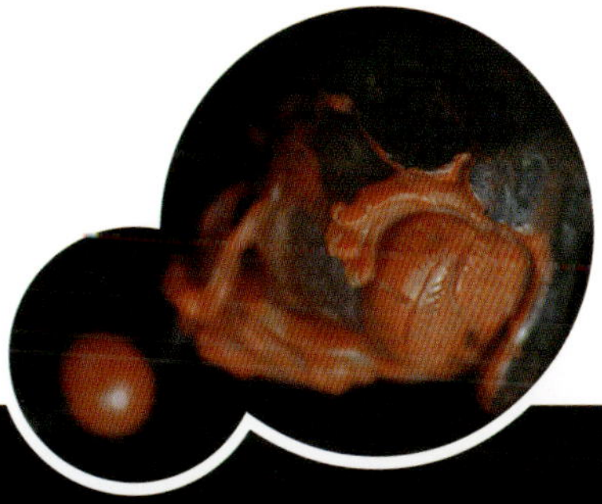

南红玛瑙手把件

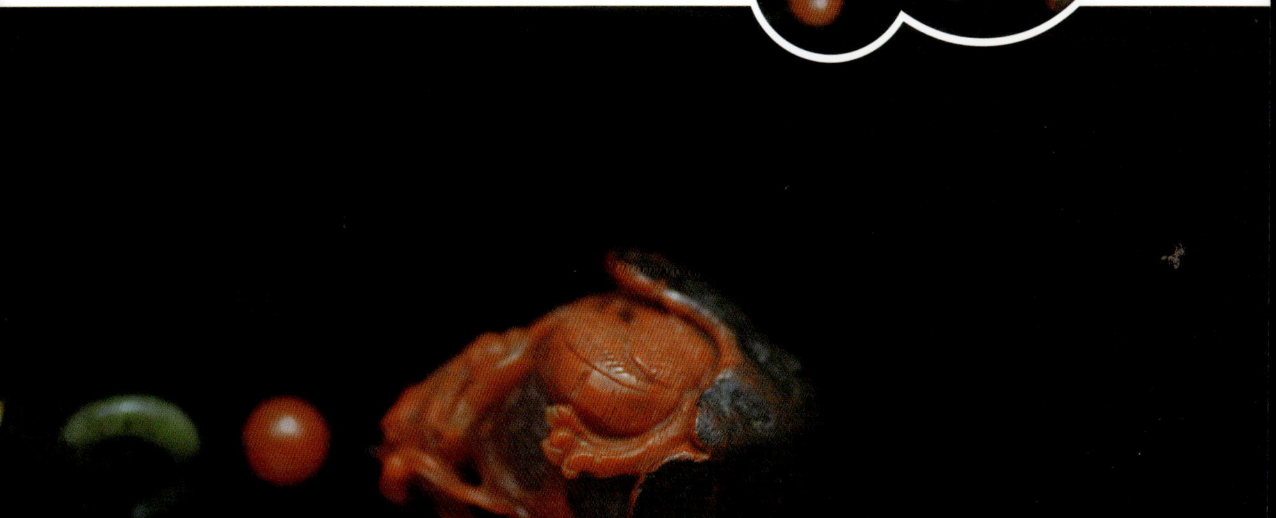

南红玛瑙手把件

（2）蓝玛瑙：指蓝色或蓝白色相间，而且颜色鲜艳的玛瑙。这其中颜色深蓝的玛瑙是最好的；颜色浅淡者为次。大块的蓝玛瑙则是玉雕的上品。那些带有细纹构造的玛瑙则属于缠丝玛瑙中的一个品种。目前市场上的蓝玛瑙制品基本上都是染色做成的，这种玛瑙的色彩浓烈，有经验的人一看便知，易与天然者区分。

（3）紫玛瑙：是颜色多为单一的紫色的玛瑙，其中质量优秀的紫玛瑙类似紫晶，带有光亮的色彩。次者色淡，光亮也不足，那种感觉就像“闷”一样。天然紫玛瑙自然界中很少见，因此市场上的紫玛瑙多为人工染色而成。

（4）绿玛瑙：是颜色为绿色的玛瑙。自然界中这类玛瑙是非常罕见的，现在我国市场上能够发现的绿玛瑙基本为人工着色做成。有的色似翡翠，其色浓绿，可是有经验者只要拿在手中就能够快速区分翡翠和绿玛瑙。人工染色的绿玛瑙一般颜色非常单薄，不是那种翠绿，质地也比较脆，而翡翠通常颜色浑厚，质地有翠性且韧性大。

南红玛瑙佛珠（局部）

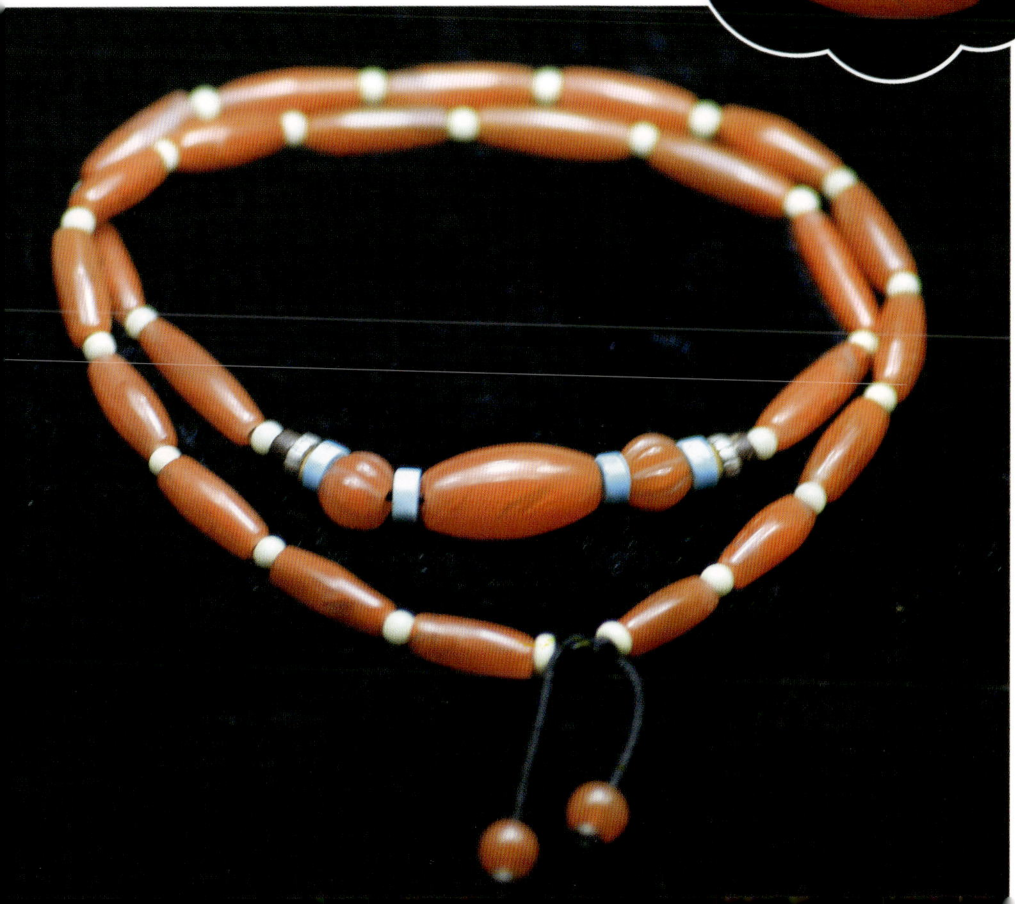

南红玛瑙佛珠
隔片：松石
弟子珠：南红玛瑙

红玛瑙佛珠

（5）黑玛瑙：指的是黑颜色的玛瑙。自然界中的黑玛瑙是很少见的，我国珠宝市场上的黑玛瑙也主要为人工制造，其色浓黑，非常容易和其他黑色玉石相混。有经验的人可以通过玛瑙硬度大于黑曜岩等方法进行区别。

（6）白玛瑙：是那种颜色为白色或者基本无色透明的玛瑙。多用于制作佛珠，经常通过人为加工染成蓝、绿、黑等颜色。自然界所产出的一些白色玛瑙，本身的颜色不雅，因此也不受人们的欢迎，只能制作成一些廉价的器物。不过，大块的白色玛瑙通常也会在局部染上俏色，作为玉器的原料之一。

（7）七彩玛瑙：是一种色彩不单一的玛瑙。这种玛瑙常常包含了白、灰、红、蓝、绿、黄、黑、青等多种颜色，颜色搭配也是随机的，给人一种五彩斑斓的感觉。

（8）南红玛瑙：颜色为大红色，整体为半透明，玛瑙中能够隐约发现丝状物质，是我国特有的玛瑙品种，这种玛瑙主要出产于少数民族区域，但是产量非常少，这也促使了价格的迅速攀升。

玛瑙被佛教看成是“七宝”之一，普遍认为持用佩戴玛瑙佛珠会有一些独特的功效（南红玛瑙，法力尤大），因此玛瑙佛珠一直深受广大佛教信众的喜爱，另外还有传说认为玛瑙佛珠能够维持人的正性能量，进而让人摆脱精神紧张以及压力、疲劳、浊气等负性能量，最终达到身心和谐的目的；还可以增强夫妻情感、忠诚，激发人的勇气，最终让人长寿、平安与幸福，因此玛瑙自古以来一直被视为辟邪之物，人们常常将其作为护身符使用。

缠丝玛瑙佛珠

人造玛瑙和天然玛瑙的鉴别

天然玛瑙与人造玛瑙有一定的区别，具体包括以下几个方面：

（1）色彩：天然的玛瑙有一种光亮的色彩，人造玛瑙的光亮和色彩则要差一些，人造玛瑙和天然玛瑙进行比较会更加明显。一般说来，天然的红玛瑙有明显的条带和分明的颜色，细心观察，甚至可以发现红色条带区域密集的黑点，而用其他石料仿造的人造玛瑙，一般都会做成一种“菊花底”，也就是那种花瓣形的花纹。一般说来人工染色的蓝玛瑙都是颜色鲜艳而均匀的，给人一种假的感觉。

玛瑙砗磲佛珠

巴西绿玛瑙佛珠

（2）质地：天然玛瑙质地坚实，就算拿着玉石在表面刮划，也看不出痕迹。人造玛瑙一般使用普通石料进行仿制，较天然玛瑙质地要软，用玉就可在其上划出痕迹来。

红玛瑙佛珠

（3）透明度：天然的玛瑙有一些混沌的地方，有时还能够发现天然的水线或“云彩”。人工合成的玛瑙基本上都是非常透明的，类似于玻璃。

（4）重量：天然玛瑙相对于人工合成的玛瑙要更有分量。

（5）温度：天然玛瑙有冬暖夏凉的属性，人工合成的玛瑙在温度上会随着外界的温度变化而变化。

我国古代就有了“千种玛瑙万种玉”的说法，从这句话中我们就能够明白玛瑙与玉的种类、颜色都是非常丰富和多样化的，甚至可以用璀璨如繁星来比喻。玛瑙与玉的主要区别有以下几个方面：

龙纹玛瑙佛珠

新疆彩玉佛珠

（1）玛瑙与玉有完全不同的质地。玛瑙形成于特定的地理环境，因此在玛瑙上面便有了同心层状和规则的条带状的玛瑙纹路。玉基本上是没有此类纹路的。

（2）玛瑙与玉的价值不同。玛瑙本身的产量很多，除水胆玛瑙外，其他类型的玛瑙价格都比较低，而品相上乘的玉，因为开采量的迅速下降，价格已经飙升到了让人感觉惊讶的程度。

保护玛瑙要注意如下几点：

（1）虽然玛瑙的硬度较大，但遭受重力打击也一样会破损。因此佩戴玛瑙佛珠时，也应该注意轻拿轻放，防止和硬物接触损坏。平常不戴时，可以将玛瑙放到质地柔软的盒内，然后置于别处妥当保存。

（2）玛瑙佛珠如果沾染了油污和灰尘，则应该利用柔软的毛刷在温淡的肥皂水中进行清洗，待洗净之后再使用柔软的白布擦干。

（3）玛瑙佛珠不能和香水、香波、化学试剂等化学物品接触，这些物品可能影响玛瑙的色泽以及光亮度。

（4）玛瑙佛珠不能接受光线的长时间暴晒，存放的环境温差不能太大，因为热胀冷缩容易使其损坏，贸然接触高温则可能导致玛瑙佛珠发生爆裂。

（5）玛瑙佛珠一般应保持适宜的湿度。水胆玛瑙在形成的过程中储存了许多天然水，虽然说玛瑙质地致密，但还是存在一定的微粒空隙，如果玛瑙的外壁很薄，时间一久其中的天然水分则可能蒸发散失，最终导致收藏价值的降低。所以，要经常将水胆玛瑙放到水中浸泡，以保证水分的平衡。尤其是在比较干燥的秋、冬季，更应该要注意玛瑙佛珠本身的湿度。

玉石佛珠

中国一直以来都有崇尚玉石的文化传统，古时的文学名句中还有“君子比德如玉”“君子无故，玉不去身”等种种说法，由此可见，佩玉在古代是一个人的身份地位的重要象征。

新藏式多宝佛珠

隔珠：砗磲、紫水晶、松石

隔片：椰壳

佛头：象牙

弟子珠：南红玛瑙

玉石的概念还有广义与狭义的区别。广义上的玉石就包括很多利用工艺美术雕琢的矿物和岩石，这其中的珍贵石料就包括大理石、寿山石、青田石、昌化石、巴林石、端砚石。狭义上的玉石只是指以缅甸优质翡翠为代表的硬玉和以和田玉为代表的软玉。

老松石佛珠

隔片：海螺、南红玛瑙

顶珠：松石

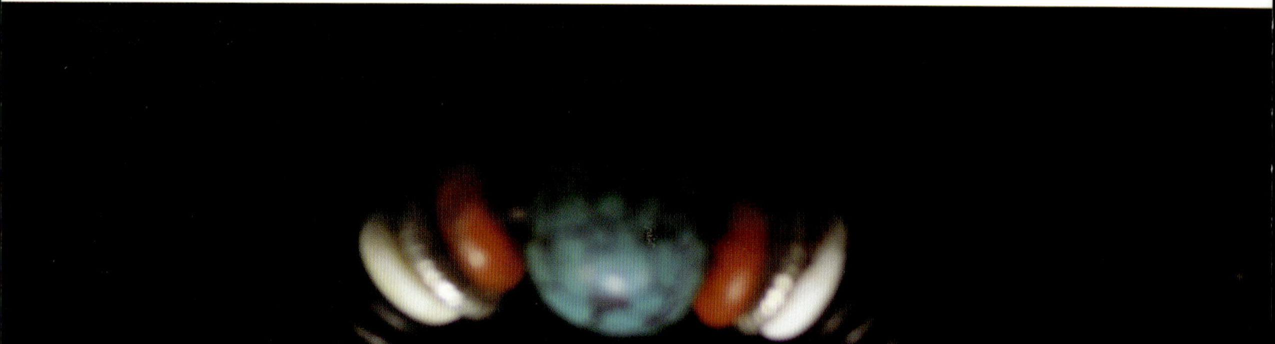

松石佛珠

冰糯种翡翠佛珠

翡翠最重要的矿源在缅甸，两个世纪以来，缅甸出产了大量的半透明帝王玉。历史上，危地马拉也曾经大量出产翡翠，主要提供给了中美洲的印第安人。西班牙人入侵中美洲后，深信翡翠能预防和治愈臀部和肾部疾病，所以都选择佩戴翡翠材质的装饰物，并将这种护身符称为“腰石”或“肾石”。这个时期日本和美国阿拉斯加也有翡翠出产。

通常质量上乘的翡翠颜色都是纯正的，绿色的浓度应该超过七、八成，颜色亮丽而且分布均匀。优秀翡翠的要求包括正、浓、艳、匀等几个方面。

所谓“正”，指的是翡翠色调的范围，这个指标要看主色和次色的比例。绿色调就是翡翠纯正的色调。假如混有其他颜色，在价值上便会大打折扣。所谓“浓”，指的是翡翠颜色的深浅。通常，浓度应该把握在 70%~80% 左右，超过 90% 就是过浓了。所谓“艳”，说的就是翡翠本身颜色的明亮程度。颜色越鲜艳的翡翠，价值也就越高。翡翠的鲜艳明亮程度主要取决于所含绿色、黑色以及灰色的比例等因素。绿色比例多者，

翡翠佛珠

翡翠佛珠

颜色明亮；含黑色或灰色多的整体颜色就会变暗。行家往往采用一些形象化的术语，用以表示翡翠的颜色，例如黄杨绿、鹦鹉绿、葱绿、辣椒绿等，这些都是鲜艳的翡翠颜色；而菠菜绿、油青绿、江水绿、黑绿等则指的是沉闷的暗绿色。“匀”说的是翡翠颜色是否分布均匀。翡翠的颜色多数情况下都不是均匀的，如果获得一块颜色均匀的翡翠，实在是千载难逢的。

翡翠的种类

我们可以按照颜色、透明度、质地等几个方面，把翡翠分成以下几种：

（1）老坑种：这种玉石质地细腻，透明度好。颜色方面则有正、浓、艳、匀等特点，在升值和保值方面的价值都是很明显的。

（2）冰种：晶莹透彻，水头特佳。颜色一般较淡或无色，这是一种“有种无色”的翡翠，同样是翡翠的高档品种。

（3）芙蓉种：玉质较细腻，有淡雅而纯正的颜色，不带黄色调，非常耐看，同样是中高档品种。

（4）金丝种：绿色鲜艳明亮，其中的纹路类似丝缕，且隐有金光，这种翡翠因水头好而颇受人们推崇。

（5）干青种：绿色浓重且纯正，但是比较混沌而且底子比较干，且玉质较粗。

绿翡翠佛珠

翡翠佛珠

（6）花青种：这种翡翠的分布范围很广，通常绿色呈脉状或斑点状不规则分布，属于中低档品种。

（7）油青种：表面细腻光滑有光泽，光泽类似油脂，但绿色较暗，且掺杂蓝灰色调，整体感觉比较沉闷，属于中低档品种。

（8）马牙种：质地粗糙，透明度差，玉石中常有白色的颗粒状物质，属于低档品种。

如果按照翡翠的物理特点进行划分，还可以把翡翠分成特级、商品级和普通级等许多不同的类型：

（1）特级：主要色彩为艳绿色（即所谓祖母绿色）、苹果绿色，玻璃地（质地细腻、半透明），这种材质颜色鲜艳均匀，非常纯净。

（2）商品级：主要色调有绿色、油青色，材质是微透明、间杂半透明的祖母绿色的材料，颜色中常见斑点翠。

翡翠佛珠

（3）普通级：色彩有藕粉色、豆绿色、浅绿色，整体白色细腻，微透明。不透明翡翠，一般只做玉料首饰。

科学分辨翡翠

我们可以按照一定的规律来判断翡翠的真伪和质量的好坏：

（1）质地：一般情况下天然翡翠的质地都是透明或半透明的，表面有莹润的光泽。仔细观察后能够发现圆形的不太透明的“盐粒”以及围绕其周围的纤维状物质，这同样属于大小、粗细不一的翡翠微粒结晶

翡翠佛珠

结构，行家经常将这种玉器称为“地”或“底”。质量更差一些的翡翠甚至完全不透明。

（2）硬度：天然翡翠是硬玉，摩氏硬度7，使用锋利刀具进行刻划均不会留下痕迹；假玉硬度低，利刃即可刻划出痕迹。

（3）翠性和石花：天然翡翠在强光之下能够观察到其他矿物颗粒的翠色闪光，这一现象被称为“翠花”或“翠性”，另外还有团块状的白花被称为“石花”。优秀的翡翠当中都有少量此类物质，而用玻璃、塑料、瓷料制成的假翡翠却无此种翠性和石花特征。

（4）密度（比重）：天然翡翠结构紧密，本身的比

翡翠佛珠

重很大，敲击之后会听到清脆的响声。假翡翠的结构非常疏松，因为比重小而常有气泡出现，敲击时声音沙哑不清脆。尤其是那些用玻璃做成的假翡翠，一般质地就很疏松，绿色均匀偏暗，有的还有气泡，用硬器敲击，声音沙哑。

（5）色泽：天然翡翠有正、浓、艳、匀的特点。造假的翡翠一般都是使用白玉、蛇纹石、澳洲玉、韩国玉、云石，甚至杂石进行脱色，然后加入高硬塑料浆并做加色处理，最终浸入绿色液体做成的“加色翡翠”。如果在光线下观察这类假翡翠，可见绿色纹路，杂乱而细小，

翡翠佛珠

有的虽不显纹路，但浑浊不清，光泽差，在质量上也比真品翡翠要轻。将这类假品翡翠放置到煮熔的蜡液里，加工时灌入的颜料就会逐渐被析出。这样检验，既不会损坏被检样品，又可鉴别真伪。

（6）净度：净度同样是翡翠价值评估的一个重要依据。翡翠的瑕疵多是白色和黑色，可以按照瑕疵对翡翠外观的损伤程度决定翡翠的价值。对高档货来说，瑕疵造成的影响是严重的，而对中、低档货来说，所带来的影响则要较小。另外，黑花比白花的负面影响要大。

（7）裂纹：裂纹的存在往往是翡翠制品的致命伤，也就是说，如果翡翠有了裂纹，其价值就会大打折扣。翡翠中的裂纹，有的是原矿中存在的，也有的是加工制作过程中形成的，一般可用手电筒或透视光照，裂纹会很容易被发现。市场上有裂纹的翡翠，大都被用来加工制作雕花件，因为人们可以设法通过雕刻手段来弥补裂纹。因此，在同样质量的情况下，光身制品要贵过花件雕品。当然，那些特别精湛的雕玉例外。

和田玉佛珠

和田玉是软玉的一种，俗称真玉，传统概念特指新疆和田地区出产的玉石。由于软玉利于雕刻，因此成为上等的雕刻材料。软玉在古代最初被用来制作武器，之后才被用来制作饰品。软玉有不同的颜色，一般富含铁的软玉为深绿色，富含镁的软玉为奶油色，有多种变种，同时可能呈现同质的斑点或条纹。

玉质佛珠

我国的西部和台湾省出产软玉较多，软玉的雕刻历史已经超过了2000多年。现在软玉多从缅甸进口，另外俄罗斯和新西兰、澳大利亚（黑软玉）、美国、加拿大、墨西哥、巴西、津巴布韦（深绿色）、意大利、波兰、德国和瑞士的产区也有部分产出。

现在市场上常见的成品为和田玉仔料制成的玉石佛珠。我们下面会加以详细介绍。

和田玉分布的区域在塔里木盆地之南的昆仑山，西起新疆喀什地区塔什库尔干县之东的安大力塔格及阿拉孜山，中经和田地区南部的桑珠塔格、铁克里克塔格、柳什塔格，东至且末县南阿尔金山北翼的肃拉穆宁塔格。在这广阔的区域当中，包含着1100多千米的和田玉成矿带。在那些海拔超过4000米的山中则分布着和田玉的原生矿床及矿点。

和田玉常见的类型有山料、山流水和仔玉。“山料”还被称为“山玉”“宝盖玉”，这是一种原生的矿料，常见的矿床类型有白玉山料、青白玉山料等；“山流水”是原生矿料在经历了风化崩落后到了河中，然后河水把玉石冲到了河流的中上游，特点是距原生矿近，块度较大，玉石被水流初步冲刷而略圆；“仔玉”也常被称为“仔料”或“水料”，指的是由原生矿料经若干年的冰川和地震的不断裂解、崩落、风化、剥蚀，最终又被水流带到河道中的那些玉石料，主要

和田玉佛珠

分布在河床及两侧的阶梯中，玉石可能位于地表，也可能深埋地下。仔玉的体积一般比较小，常为卵形，表面非常光滑。仔玉都是经过了水的浸泡、搬运、冲刷、打磨后剩余的精粹部分，材质也同样是最好的。大多数仔玉通体细腻滋润，具有晶莹的光泽，属于玉石中的上品。仔玉的颜色多种多样，常见的类型有白玉仔料、青白玉仔料、青玉仔料、墨玉仔料、碧玉仔料、黄玉仔料等。

按照和田玉的颜色与质地情况，则可以对和田玉的经济价值进行评定。如果依据颜色可以分成:

和田玉佛珠

（1）白玉：白玉属于和田玉当中的高档玉石，一般含闪透石 95％以上，颜色洁白而且光滑细腻，有莹润的光泽。白玉的体积不大，但是是和田玉中的优良品种。一些非常注意制玉选材的朝代，比方说汉代、宋代、清代等，优质白玉往往被精雕细刻为皇家“重器”。

白玉按颜色划分为白到青白。按照形状还可以分成“季花白”“石蜡白”“鱼肚白”“梨花白”“月白”等。根据不同的颜色，白色还可以分成羊脂玉和青白玉。 羊脂玉也是白玉中的上品，羊脂玉当中含闪透石的比例达到了 99％，质地纯洁细腻，颜色类似羊脂，还有凝脂一样的光泽。汉代、宋代和清代乾隆时期都极其推崇羊脂玉。青白玉顾名思义，其实就是白玉和青玉的过渡品种，这种玉是以白色为主，白色之中隐含闪绿、闪青、闪灰的玉石，质地类似于白玉，玉色仅白中泛淡青绿色。青白玉在和田玉中较为常见，价值上要次于白玉。另外常见的种类还有“葱白”“粉青”“灰白”等。

白玉仔料属于白玉之中的上等材料。一些白玉仔料在氧化操作后表面上还会出现其他颜色，最常见的类型就是如同秋梨色一样的“秋梨仔”，将虎皮色称为“虎皮仔”，枣色称为“枣皮仔”，各种颜色的品种都很名贵。羊脂白仔玉是白玉仔料当中极佳的品种，给人一种刚中见柔的感觉。目前世界上仅新疆有此品种，产出十分稀少，极其名贵。

（2）黄玉：黄玉是由于地表水中含有的褐铁矿渗入形成的。黄玉的颜色从淡黄到深黄都有，依据不同的色度变化还可分成“蜜蜡黄”“栗色黄”“秋葵黄”“黄花黄”“鸡蛋黄”“虎皮黄”等。这其中颜色最浓烈的蜜蜡黄和栗色黄是相当罕见的，其价值可抵羊脂玉。

（3）青玉：青玉是很常见的一种玉，每个时期制玉的时候采集或开采的大多都是青玉。青玉的颜色种类很多，颜色区间从淡青色到深青色均有，颜色的深浅各有不同。最常见的类型有淡青、深青、碧青、灰青、深灰青、翠青等。和田玉中常见的玉石就是青玉，但是那些质

黑玉佛珠

地细腻的青玉价格同样也在不断飙升。

（4）墨玉：也被称作“黑玉”。墨玉一般都是小块玉，黑色的形成是因为有很多的细微石墨鳞片。墨玉的颜色分为许多种，通常由墨色到淡黑色，墨色一般都是雾状、条带状等。这种和田玉有“乌云片”“淡墨光”“金貂须”“美人须”等。整块玉料中墨的程度不同，浓淡的均匀程度也不同，多见于与青玉、白玉的过渡处。最常见的类型有全墨、聚墨、点墨。全墨还被称为“纯漆墨”，说的就是那些墨色斑浓重密集的玉石，这种玉石的价值经常会超过其他玉石。聚墨的意思就是青玉或白玉中的墨较聚集，加工玉石的时候可以作为俏色。点墨的情况则是分散，否则会影响美观。

（5）糖玉：糖玉是白玉或素玉中间的一种玉，有人还将糖玉称作“双色玉料”，这种玉能够做成俏色玉器。例如，以糖玉皮仔料掏空制成的鼻烟壶，就被称为“金银裹”，亦能增值。

（6）碧玉：碧玉多数情况下都是深绿色（菠菜绿色），这种玉比较粗糙，碧玉当中最好的玉石是纯正的墨绿色。玉的材质当中如果有黑斑、黑点或玉筋，那么质量就可能差了不少。除新疆所产碧玉外，我国玉器、工艺界通常把国外所产的软玉也统称为“碧玉”。

和田玉鉴别

市场上常见的有使用辽宁岫玉、俄罗斯玉和青海玉，甚至是玻璃来冒充和田玉者。其判别方法主要如下：

（1）和田玉与岫玉的辨别：和田玉的质地、硬度和比重有一定的特点；产地为辽宁岫岩县的岫玉有光滑细腻的质地和充足的水头，因为开采量大，所以市场价格非常便宜，因此常见的是用岫玉

白玉串珠

和田籽玉佛珠

作旧来冒充老的和田玉。岫玉在质地、硬度和比重方面都远逊于和田玉。岫玉的质地很软，易吃刀，鉴定的时候使用普通小刀在其表面刻几下，吃刀者为岫玉，纹丝不入者为和田玉，如果身边没有刀具，则可以对玉器表面的刻痕进行仔细的鉴别，通常和田玉受刀处不会起毛，但岫玉则有起毛现象，此外，岫玉的手感也较轻，敲击时声音很闷，不如和田玉清脆。

（2）和田玉与俄罗斯玉、青海玉的辨别：我国青海以及中亚等地区出产一种俗名为“青海玉”和“俄罗斯玉”的玉，这种矿石是天山山脉的支脉所产，所以其成分与白玉大体相似。看上去也似蜡状油脂光泽，硬度方面和白玉很相似，因此经常用来冒充白玉，可是这种玉石的石英含量偏高，相比白玉硬度更大而且更脆，透明性强，经常日晒雨淋，容易起膈、开裂和变色。尤其是将和田玉与俄罗斯玉放在一起比较时，便可以发现一软一硬；一个白得滋润，一个则是“死白”；敲击时发出的声音，一个清脆，一个沉闷，区别还是较为明显的。

（3）和田玉与“料”的辨别：市场上，有种俗名为“料”的玻璃，这种材质经常被用来假冒和田玉。这方面的鉴别要相对容易一些。多数情况下玻璃颜色不带什么自然变化，材料比较单一和纯洁，材料中常有料泡（可以通过雕工把料泡做掉）；不具有和田玉带有的玉茎，有绵状、萝卜丝状等自然结晶状。使用放大镜进行观察能够发现，毛孔与和田玉相比要更粗，断口呈亮碴贝壳状，和田玉则呈暗碴参差状。玻璃的硬度比和田玉更低，和田玉硬度高，不吃刀。把玻璃料贴在脸上，那种清凉的程度也不如和田玉，还有，敲击时料声沉闷，而玉音清脆。

白玉佛珠

和田玉佛珠

玉石佛珠养护

翡翠与和田玉本身就很珍稀，价格也很高，因此，使用和收藏玉制佛珠也十分讲究。具体来说，养护需要注意以下几个方面：

（1）玉石的硬度较高，可是在遭到碰撞时一样可能破裂，所以要避免突然坠落到硬地面或者是遭受硬物的撞击。很多玉石佛珠受到损害后，单凭肉眼看不出裂纹，可实际上因为分子结构受损，已经有暗裂纹了。如此一来，便会大大影响其完美程度和经济价值。

（2）玉石佛珠要避免阳光的直射和暴晒。过于强烈的日光可能导致玉石分子体积增大，从而影响到玉的质地和色泽。

（3）化学物品、化学制剂会损伤玉石佛珠，平时玉石佛珠应该远离洗涤剂、肥皂、杀虫剂、化妆品、香水、美发剂等物品。当不经意沾染后，应该及时进行清洁并擦干，避免进一步的损伤。

（4）新购玉石佛珠，得先在清水中浸泡几小时，然后再使用软毛刷（牙刷）进行清洁，之后使用干净的棉布进行擦拭，再持用佩戴。玉石佛珠需要定期清洗，以维持原质。每过一段时间，就需按上述方法进行清洗。平日要避免让玉石佛珠与灰尘、油污相接触。在遭受到灰尘、油污的污染之后，也应使用软毛刷蘸淡肥皂水进行清洁，再用清水冲净。切忌使用化学除污剂清洗。

（5）要经常检查系绳的牢固性，通常每隔一两年换一次系绳，以防止饰物因为系绳的原因出现损伤。

（6）有传说认为人生病时不宜佩戴玉石佛珠，避免使病气渗入玉石佛珠之中。玉石佛珠平时要贮存在安全的地方，或者是放在红、黄色的绢布或绸缎里面。绢布、绸缎的质地要温润柔软，以利于保存玉石佛珠。

碧玺佛珠

碧玺还被称为“碧霞玺”“碧霞玭”“碧洗”“碧霞希”“璧玺”等。章鸿钊的著作《石雅》中对碧玺也有描述：“《博物要览》谓紫宝石，名披耶西，色深紫如葡萄，晶莹光润，亦即此物。《滇海虞衡志》称碧霞玺，一曰碧霞玭，一曰碧洗。《玉纪》又作碧霞希。今市人但称碧硒，或作璧玺，然已无问其名之所由来者，唯为异域方言，则无疑耳。”

碧玺的价值在钻石、红宝石、蓝宝石、祖母绿之后，但也是一种价值很高的有色宝石。由于碧玺本身颜色生动且多变，而且透明度高，因此也一直深受人们的喜爱。清代时期碧玺曾一度成为权力的象征，朝珠和一品、二品官员顶戴花翎的主要材料就是碧玺。俗语有云：

碧玺佛珠

“上有所好，下必甚焉。”清代的慈禧太后对颜色丰富多彩、变幻万千的碧玺非常热衷，因此，碧玺得到了人们前所未有的关注和追捧。人们从清末大太监李莲英之侄李成武所写的《爱月轩笔记》中就可以窥探一二。这本书在说到慈禧死后的陪葬物品时，记录下了慈禧太后“脚蹬碧玺莲花，重三十六两八钱，估值七十五万两。碧玺近年价极低，然是物大者难得。今若有此物，虽不值钱，亦将合七百元一两也”。慈禧太后之所以要“脚蹬碧玺莲花”，其实是在迎合佛教“步步生莲”的寓意，以使其亡灵尽快步入所谓的西方乐土。根据《爱月轩笔记》中的记录，慈禧太后的金丝锦被上，也镶嵌有很多碧玺：“金丝锦被，制价八万四千两，镶八分珠一百粒；三分珠三百零四粒；一分珠五百粒；六厘珠一千二百粒；米珠一万零五百粒；红蓝宝石大块者，约重四钱者十八；小块者，六十七；紫母绿，五分重者两块；碧玺、白玉，共二百零三块。略估珠值八十五万四千二百两，宝石约值四万二千两。”除了上面记述的两件珍品碧玺，慈禧太后的棺木里还保留着其他的碧玺首饰。按照清代内务府簿册中的记录，殓入棺中的碧玺首饰具体有红碧玺朝珠、红碧玺手串、紫碧玺手串、红碧玺念珠、金镶红碧玺正珠、红碧玺抱头莲、绿玉镶红碧玺抱头莲、红碧玺绿玉穿珠菊花、红碧玺镏子、红碧玺帽花等。从光绪五年（1879 年）三月二十五日到光绪三十四年（1908 年）十月十五日，负责陵墓的官员前后 6 次向

碧玺佛珠

金井中投放大量宝物，仅碧玺类宝物就计有红碧玺镶子母绿别子一件、红碧玺长寿佩一件、黄碧玺葡萄佩一件、红碧玺葫芦蝠佩一件、红碧玺双喜佩一件和红碧玺佛头塔一件。

碧玺的化学成分主要有钠、钙、镁、铁等。碧玺为三方柱状或复三方锥柱状晶体，一般形状有柱状、三方柱、六方柱、三方单锥，碧玺的集合体有放射状、束状、棒状结晶的特点。碧玺的断口为参差状或贝壳状。出产碧玺的矿床集中于伟晶岩层和冲积矿床。碧玺在全球各地有广泛分布，主要出产地有巴西、斯里兰卡、马达加斯加和中国。市面上现存的碧玺产品多数来自巴西，其他还有坦桑尼亚、肯尼亚、马达加斯加、莫桑比克、纳米比亚、阿富汗、巴基斯坦、斯里兰卡、意大利、美国、缅甸等国家，我国的新疆和云南地区也有分布。

粉碧玺佛珠

碧玺佛珠

根据有关的资料，碧玺晶体的颜色超过了15种，主要的颜色为无色、玫瑰红色、粉红色、红色、蓝色、绿色、黄色、褐色和黑色。最珍贵的碧玺颜色为蔚蓝色、鲜玫瑰红色及粉红色加绿色的复色。

碧玺的不同种类

珠宝界按照碧玺颜色的不同，将碧玺分成以下几种类型：

（1）红色碧玺：红色碧玺是最珍贵的碧玺，这种碧玺内带有锰元素，整体颜色为红色到粉红色。红色碧玺在我国常被称作“孩儿面”。红色碧玺在色调变化方面是非常明显的，多为棕褐、褐红、深红色等。紫红色和玫瑰红色的碧玺佛珠品质最佳。

（2）绿色碧玺：碧玺中因含有铬和钒元素，所以会出现绿色的外观。当然颜色从浅绿到深绿、黄绿或棕绿都有可能。有些绿色碧玺的颜色都是灰暗或很深的，只有透过光时才看得出来。深绿色碧玺常常还带有强烈的二色性，在光轴方向几乎不透明，通过加热则可以增加透光性。绿色碧玺中最好的是翠绿色，欧洲和巴西还曾经将一部分绿色碧玺当成是祖母绿，可见其名贵程度。目前只在巴西和马达加斯加有产出。

（3）蓝色碧玺：这种碧玺中因含有大量的铁元素而呈蓝色。蓝色的区别有深紫蓝或绿蓝色，有时候还可以看到浅蓝色或浅绿蓝色。真正纯蓝色的非常稀有。

（4）黄和橙色碧玺：一般最少见的碧玺就是纯黄或橙色的碧玺，那些颜色深浅不一的黄棕或棕黄色碧玺都深受欢迎。绿棕到棕绿、橙棕到棕橙和绿黄色的碧玺销路也还可以，但那些色很深、光泽暗的碧玺，由于品质较差，几乎没销路。

（5）无色或白色碧玺：多被称为“白碧玺”。这种碧玺如果没有猫眼效应，那么价值会很低。

（6）黑色碧玺：矿物学家将其称为“黑碧玺”。宝石行当中偶尔用它来代替煤精或黑玉髓，在一些廉价首饰上进行装饰。

蓝碧玺佛珠

（7）褐色碧玺：碧玺因含有更多的镁元素而呈现褐色。褐色碧玺有多种颜色，从深褐色到绿褐色不等。

碧玺原石佛珠

（8）多色碧玺：就是在碧玺的底子上具有两种以上的颜色，或上下不同，或内外有别。有些碧玺呈现出中间红、外边绿、色彩组合类似西瓜的情况，通常人们会将其称为“西瓜碧玺”。西瓜碧玺，也是较珍贵的碧玺之一。一般这种碧玺不用来作为宝石装饰。更多的是，不经任何切磨制作成自然晶体标本，具有观赏的价值。

（9）猫眼碧玺：又称为碧玺猫眼石。一些绿色和红色碧玺上会有一些细缝或针状包裹体，切割成弧面后则可以发现猫眼造型，但其他颜色的碧玺中，有猫眼效应的非常少。猫眼碧玺属于碧玺中的上品。

碧玺佛珠

（10）碧玺变石：该种碧玺在光线照射下能呈现黄绿色到棕绿色；在灯光下则会呈现橙红色。

碧玺佛珠的特征

评价碧玺品相类似于其他宝石，一般都是从颜色、光泽、透明度、内含物、缺陷以及重量进行评价和选购。一般在选购碧玺佛珠时要注意以下几个方面的问题：

（1）颜色：碧玺佛珠如果为玫瑰红、紫红、绿色和纯蓝色那便是最好的，粉红和黄色则要差一些，无色最差。在选购镶嵌碧玺首饰时，通常都是以红色、蓝色、绿色为最佳，这些材质必须鲜明和均匀；在项链和佛珠中则以颜色丰富为佳，珠子的颜色可以各不相同，搭配出红、黄、蓝、绿、紫等多种色彩。

5 毫米碧玺佛珠

（2）纯净程度：晶莹无瑕的碧玺通常都是价值最高的。碧玺佛珠如果内部晶莹剔透、透明度高而且瑕疵少，那质量肯定更好。那些含有明显雾感、许多裂隙和气液包裹体的碧玺，一般仅可以作为玉雕的材料。

（3）重量：通常重量越大，价格越高。

（4）切工：佛珠的切工完整，比例对称且抛光精良最好。否则将会影响价值。

碧玺佛珠的养护和辨伪

碧玺接触人的皮肤后，光泽会更好，晶体也会更加通透，即使佩戴的时间不长，也会发生明显的变化。碧玺佛珠的养护方法与水晶养护的方式类似：

（1）碧玺佛珠平时要注意定期除净和消磁，其方法可参考水晶佛珠。

（2）碧玺佛珠硬度不高，比较脆，佩戴碧玺佛珠的时候应特别注意避免撞击。

常见的碧玺仿冒品大致可以分成两种：使用无色碧玺进行人工加色；使用玻璃加工成碧玺。经验丰富的人对碧玺的鉴别与评估通常比较注意以下几个方面：

多宝碧玺佛珠

（1）红色碧玺比较类似于粉红色黄玉、红色尖晶石、红柱石等玉石，鉴别的时候更应该予以注意。一般使用重液法进行鉴别，即将鉴定的材料放到密度为 3.06 克 / 立方厘米的重液中，此时红色碧玺将悬浮其中或慢慢下沉；一般粉红色黄玉、红色尖晶石会快速下沉；红柱石的下沉速度也要大于红色碧玺。这样便可以挑选出红色碧玺。

（2）绿色碧玺很容易和橄榄石、绿色透辉石、绿色石榴石发生混淆。碧玺的双折率是较大的，可以在合适的位置对碧玺进行观察，观察到清晰的后刻面棱重影则为碧玺，而石榴石却

天然碧玺佛珠

6 毫米天然碧玺佛珠

没有。橄榄石与碧玺在内部的包裹体方面是不同的，细致地观察内部的包裹体也可以辨别出绿色碧玺。橄榄石中存在的包裹体为睡莲状包体，而碧玺则内含典型的不规则线状和薄层空穴，部分碧玺中能够看到许多的平行纤维。另外，碧玺在折射仪中会有两条阴影界线，一条会上下移动，另一条则不会动；而绿色透辉石的两条阴影界线，都可上下移动。透辉石的折射率会超过碧玺。

（3）曾经有人利用玻璃来假冒所有颜色的碧玺，可是经过偏光镜则能够发现，碧玺为四明四暗，基本上也是非均匀体；玻璃仿冒品则是全暗的，无论任何角度都不可能观察到后刻面棱重影。使用二色镜进行观察则能发现，碧玺有比较强的多色性，而玻璃基本上是无色性。

（4）碧玺和一些相似宝石还有一个明显的不同，那就是本身带有的热电性。碧玺在受热、摩擦或遭受太阳光照后，其表面会带有电荷。

（5）经过人工染色的碧玺整体颜色呆滞，和天然碧玺带有的“宝光”有巨大的差别，因此并不难识别。

（6）有人把一些低档碧玺和水晶混在一起销售，让消费者产生了一些错觉：碧玺是廉价的水晶。实际上碧玺和水晶根本就是两种完全不同的矿物。碧玺本身属于复杂的硅酸盐结构，而水晶则是一种无色透明的大型石英结晶体矿物。

工艺类佛珠

象牙佛珠

象牙一般指的是雄象的獠牙。象牙拥有温润细腻的奶白色外表、精细的纹理和细密坚韧的质地，非常适合雕刻。象牙还可以染色，也因为这样，象牙从古至今一直是人们加工珠宝首饰和雕刻高档艺术品时的首选材料之一，这些象牙艺术品也多收藏于皇室及富贵之家。牙

老牙片佛珠手串
隔片：海螺、椰壳
佛头：黑曜石
弟子珠：南红玛瑙
顶珠：松石

雕艺术具有很悠久的历史，在法国发现的一件猛犸象的长牙雕刻作品，依据专家估计已经有三万多年历史。在中国和日本，牙雕作品至今仍然备受人们青睐。

许多人都喜欢佩戴象牙佛珠，不仅因为象牙质地洁白，高雅美丽，可以衬托出一个人不同的气质，还因为象牙的数量稀少，价值不菲，可以体现出一个人的尊贵。象牙具有优秀的装饰功能，还被认为有辟邪作用，因此，象牙佛珠便成了人们争相佩戴的饰品。

象牙的硬度 2.5，比重 1.90，折射率 1.53 ~ 1.54，双折射不适用，整体光泽为暗淡的油脂状。象牙的内部结构类似于人类牙齿，均为实心结构。象牙外表光滑莹润，坚韧耐磨。

老牙片佛珠手串
隔片：南红玛瑙
佛头：南红玛瑙
顶珠：松石

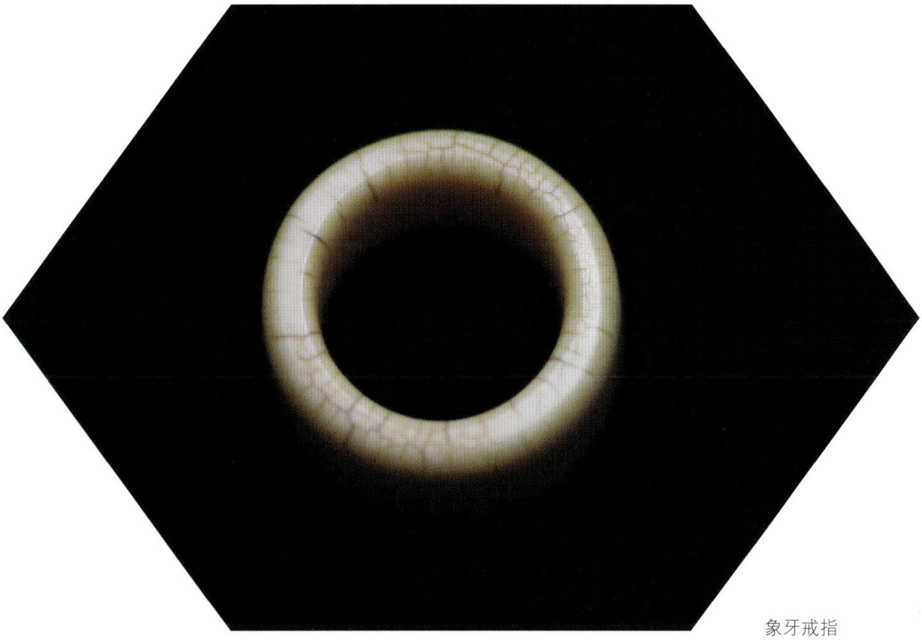

象牙戒指

象牙的表面具有两组纹理交错的菱形花纹。

这同样是鉴别真假象牙的一个标准。其实，哺乳动物的牙也都有象牙质。某些哺乳动物，比如说河马、雄野猪和疣猪的长牙，也常被人们用来制作工艺品。抹香鲸、海象、海狮和独角鲸之类的海洋哺乳动物也能够提供一部分牙齿材料。一些灭绝的动物，比如说猛犸象、乳齿象或恐龙之类等史前动物残留的牙齿化石也可以作为雕刻的原材料。

为保护大象，国际上开始严格限制象牙的交易。最上等的象牙多数来自非洲象，非洲象的象牙色调温暖，本身没有什么纹理和斑点。印度象的象牙颜色发白而且较软，更加适合加工。象牙的其他产地还有欧洲、缅甸和印度尼西亚。

同样是为了保护长牙动物，某些替代象牙的材料，如动物骸骨、角、碧玉、植物象牙、塑胶和树脂等，因受到了国家的鼓励而用于制作大量的工艺制品。有一种非洲扇棕榈树的坚果，质地坚硬，俗名“象牙果”，用来制作佛像等工艺品也很受欢迎。

老象牙佛珠
隔片：椰壳
顶珠：珊瑚

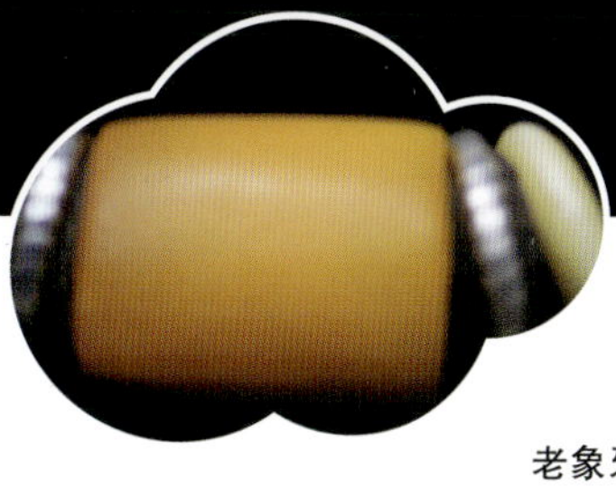

老象牙佛珠
隔片：椰壳
顶珠：蜜蜡

象牙是一种有机物，跌落、挤压、火烧、光线暴晒等都可能伤害象牙。象牙存放时间一久，还可能出现变黄、变脆等老化现象，所以对象牙的养护要尽心竭力。

老象牙佛珠
隔片：松石
顶珠：老蜜蜡

象牙工艺品的年代辨识

现在的象牙工艺品市场上，象牙工艺品的“真”与“不真”，多数要看作品的年代和制作者。象牙工艺品类似于其他工艺品和艺术品，有一些明确的标准就是年代和制作者的背景（是否是名家），而且年代越久，象牙的价值就越高，制作者名气越大，价值也越高。造假者和鉴定者最留意的内容也在这两方面。

真正的古代象牙工艺品，明代前留存下来的很少。明代牙雕艺术品存世也极为稀少，传世之作的特点有：作品的外表为深黄色、棕色，表面基本上都有细密的黑色裂纹，还有闭合的纹线，行话称为“雀丝”。这些纹路单凭抚摸是感觉不到的。象牙工艺品存世年代越久，“雀丝”也会越来越明显和细致，另外，明代象牙工艺品的外表都会有包浆出现——这也属于“玻壳”。包浆的形成是因为人在把玩、摩挲时，将油渍、汗液浸入象牙中，这些物质和象牙本身的油质及蛋白质混合发生化学反应，最终在表面形成一层极薄的、稳定的、有光亮的物质。当代一些造假者，会使用熏烤的方式来改变颜色；进行“雀丝”作假则会利用冷藏后加热的方式；伪造包浆则需要涂油，然后使用保鲜膜进行包裹，最终使用抛光机打磨，但

老象牙片佛珠
佛头：象牙
弟子珠：珊瑚、象牙

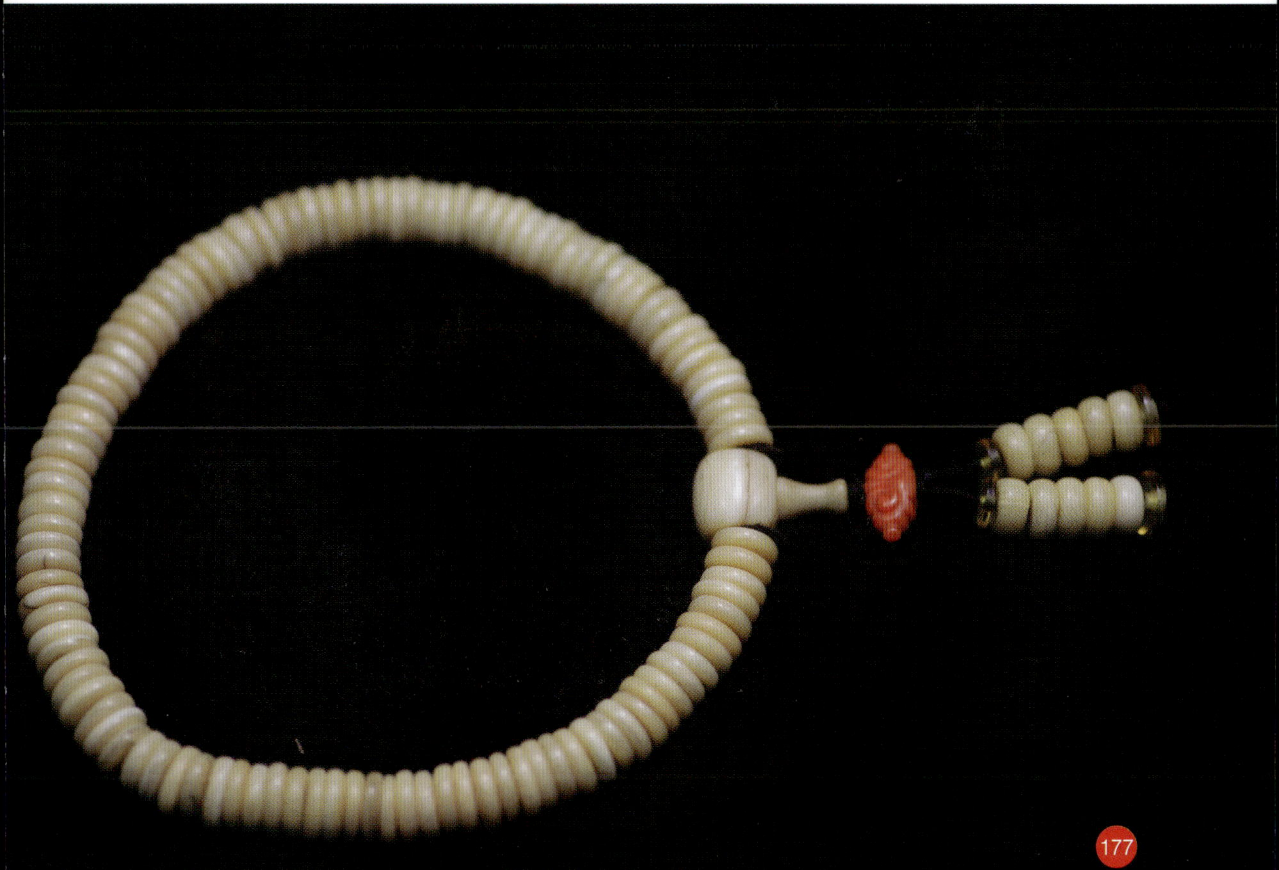

是，无论怎样，经验老到的鉴定者仍能识别出赝品与真品。

清代和民国时期的象牙工艺品，表面同样会有一些泛黄、雀丝和包浆的现象出现。在鉴定真假的时候，需要结合“善”“美”等情况。象牙工艺品的那种“善”所指的就是工艺水准和工艺特点，而“美”则说的是艺术表现力。清代道光以前存世的象牙工艺品，基本上都进入了博物馆和大收藏家之手，最知名的就包括中国香港收藏家、著名建筑设计师关善明收藏的大量明清及民国时期的象牙工艺

老象牙佛珠

老象牙佛珠

品，随后还出版了《关氏所藏中国牙雕》一书。清中晚期和民国时期创作的象牙工艺品存世比较多，在拍卖市场和古玩店中都可寻到踪影。当时使用象牙制作的工艺品已经很少使用整牙了，不同的创作者都带有浓烈的地域风格和时代风格，因为当时象牙原料比较充足，而且销售情况也不错，各地工匠都没有进行相互模仿，一个地区内许多高水平工匠都有自己的“绝活儿”（例如广州翁氏的“鬼工球”，北京杨氏的“蝈蝈白菜”）。一般来说，清末和民国时期象牙的赝品很少，很多工匠仅

老象牙佛珠
隔片：松石、南红玛瑙
顶珠：珊瑚

老象牙佛珠（局部）

仅制作一些类似于象牙筷子、名片盒、烟嘴之类的物品都能生存。

一般工艺师们都不会在象牙圆雕和浮雕作品上署名，哪怕是有经验的鉴定人士也不能说清楚某一件作品是谁雕刻的。当雕刻作品上有一些"绝活儿"被发现时，才能分辨出来。在民国时期，北京的象牙雕刻大师杨士惠的作品一直都很热销，因此关于他的工艺仿品经常出现。一些大师，比如说平刻大师于硕、吴南愚被仿冒的情况就更加多了。据陈吉品介绍，民国时期工匠们并不是主动制作仿品，许多都是由于一些黑心商人的唆使，那些大商人才有机会得到古代和当代的精品，然后进行模仿创作。一些商人得到了好销的当代精品或明清的牙雕精品，就会寻找一些关系紧密而且有一定工艺水平的工匠，雇用他们秘密地临摹真品。那些精心临摹的作品保存到现在，也成了文物精品。因此鉴定目前市场上清末和民国的作品，需要考虑两方面的问题：一是鉴定工艺品是古物还是今人的仿品；二是看是否为那个时代的精品。

果冻象牙佛珠

果冻象牙佛珠（局部）

老果冻象牙佛头

象牙佛珠的养护

象牙佛珠的材质具有一定的特性，收藏过程中更应该注意保养。温度和湿度的突然变化、光线的照射程度，都可能导致象牙材质发生开裂、脱层、翘曲、酥化等现象。用清代皇家收藏和民间收藏的象牙艺术品进行对比就会明白：皇家收藏的象牙艺术品很少有“雀丝”和深度的黄斑，原因就是收藏的工作做得好。

老果冻象牙佛珠

保养象牙佛珠需要注意3个方面的要点：第一是湿度，这是关键所在。保存象牙佛珠的环境湿度要保持在55%～65%之间。在玻璃柜中保存时，在柜中放一杯水即可。保存在盒中时，要使用两块软布包装成两层，保证外层的布足够潮湿。第二是温度，象牙保存的最佳温度在16～26℃之间。第三则是象牙佛珠的表面防护。

象牙佛珠

象牙保护的最佳方式就是经常地抚摸、把玩。象牙本身外观圆润，象牙佛珠放在手中，时常把玩也是很舒服的。收藏者的把玩过程同样也是将精、气、神注入象牙佛珠的过程，对于包浆的形成都有帮助。

红珊瑚佛珠

红珊瑚和珍珠、琥珀被公认为三大有机宝石，一直以来也都被人们看成是吉祥的象征，红珊瑚在古罗马、古印度、印第安民族以及我国传统文化中的历史都是非常久远的。

老红珊瑚佛珠
隔片：象牙
佛头：象牙
弟子珠：犀牛角
顶珠：老松石

红珊瑚的质地比较细密，硬度接近象牙，因此也非常适合加工成佛珠、戒指、坠子、耳环、项链等精美的饰物和工艺品，早在我国古代，许多人就将红珊瑚看成了祥瑞幸福之物，并尊称为“瑞宝”。在公元初年，就有关于红珊瑚的文献记载。例如，三国时期的曹植，还曾经写就了“明珠交玉体，珊瑚间木难”的赞美诗句。红珊瑚一直都是历代宫廷中的重要装饰品。皇宫中常见的珊瑚树、盆景，包括王公大臣的朝冠和嫔妃的冠顶，许多情况下都会使用红珊瑚。清代时期二品以上的官员，朝服的帽顶和朝珠都是使用红珊瑚进行制作。

红珊瑚手镯

红珊瑚与佛教的关系密切，佛教把红珊瑚列入“七宝”之列。印度和我国藏传佛教的信众更是将红珊瑚看成是如来佛的化身，西藏地区的众多喇嘛高僧基本上都使用红珊瑚做成的佛珠。

红珊瑚生长的区域在赤道及其附近的热带、亚热带地区的海洋中，要求海水的温度在 20℃左右，生长的位置在水深 100 ~ 200 米的平静而清澈的岩礁、平台、斜坡和崖面、凹缝中，它是一种长得既像树枝又像花的生物。原来人们一直都把珊瑚误认为是一种海生植物，一直到 20 世纪 20 年代才最终发现，珊瑚其实是一种腔肠动物——海生红珊瑚虫分泌的碳酸钙骨骼。红珊瑚的骨骼外形呈树枝状，每个分支中心有角质的骨骼中轴，软体包围在骨骼外面，而红珊瑚虫则是绕着这根轴在生长。红珊瑚虫的身体可以分成中胶层和内胚层、外胚层二层细胞。

红珊瑚佛珠

红珊瑚生长缓慢，并且不可再生，因此十分珍贵，被列为国家一级保护动物。主要产地在台湾海峡、日本海峡和波罗的海峡。红珊瑚制成的佛珠极受人们喜爱，并且具有较高的收藏价值与增值空间。

红珊瑚佛珠

珊瑚的品种有许多。在日本海中的红珊瑚就有红色、粉红色和白色的；地中海、非洲海岸、红海和马来西亚的海域也生长有红色和粉红色的珊瑚；西印度群岛、澳大利亚以及太平洋岛屿附近的海域里面还生长着黑色和金色的珊瑚。珊瑚的品种固然众多，可是只有那些被称为“红色黄金”的红珊瑚，才能称得上宝石级珊瑚。

红珊瑚佛珠的辨伪

常言道：“物以稀为贵。”也正是因为人们对于红珊瑚甚为看重，再加上红珊瑚的资源稀少，所以也就免不了被人为造假的命运。现在市场上常见的造假手段都是使用染色大理岩、粉红色玻璃、吉尔森合成珊瑚进行造假，另外还有使用红螺的轴磨成的小球，甚至石膏混合物的人造赝品红珊瑚。对红珊瑚的鉴别要注意以下几个方面的问题：

（1）经常有使用海竹和白珊瑚进行染色，然后冒充红珊瑚的例子。不过海竹的质地粗糙，本身有明显的纵向纹理，只要知道了特征还是很好辨别的。

（2）还有的采用注胶方式，把质地疏松的浅海造礁珊瑚进行填充染色来冒充红珊瑚。使用填充染色的珊瑚是无法掩盖造礁珊瑚表面光滑、粗糙易碎、颜色容易蜕变等假冒特征的。

红珊瑚佛珠

（3）有造假者使用贝类和造胶珊瑚磨成粉末，之后再塑造成各种形状的珊瑚，这就是人造的染色珊瑚。只要留意一下这种合成染色珊瑚是否有自然纹理，便可将其识破。

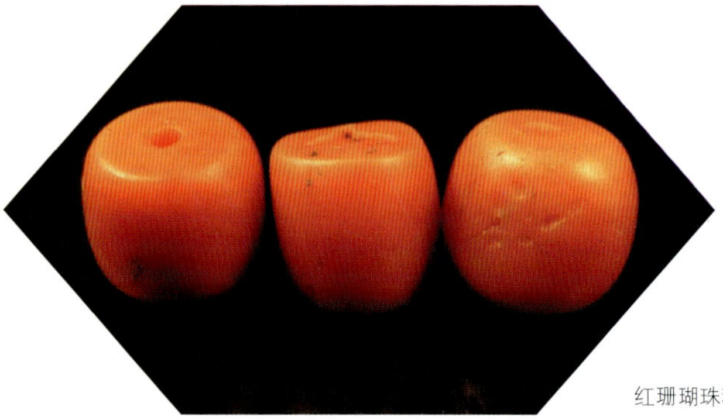

红珊瑚珠粒

（4）通过白云石和解石进行染色，进而仿造红珊瑚的方式，如果染色不当，很快颜色就会褪去。

（5）用塑料制品染色伪造红珊瑚相对比较容易识破，这种制品的质地非常轻，颜色更是容易褪去，本身也没有自然纹理与光泽。

红珊瑚佛珠的收藏

红珊瑚对于热和酸表现得非常敏感，如果长期佩戴，则可能出现褪色、褪亮的情况，这个时候就要用心保养。红珊瑚佛珠的养护需要注意以下几点：

（1）要注意经常佩戴佛珠，让红珊瑚佛珠和人之灵性完美结合在一起，不能将其丢弃一旁，闲置起来。

（2）红珊瑚本身是一种有机珍宝，佩戴的时候要避免佛珠碰到酸碱性液体、香水、杀虫剂、酒精等化学物品。

（3）红珊瑚佛珠的结构有一定的空隙，并不太致密，灰尘入侵后则可能造成污染，因此在每次使用后，也应该使用软布进行精心的擦拭，并妥善保管。清洗红珊瑚佛珠应该使用中性肥皂水浸泡，之后擦拭干净便可。

红珊瑚佛珠（局部）

红珊瑚佛珠

（4）由于汗液也会对红珊瑚产生腐蚀，因此天气炎热的夏日尽量不要长期佩戴红珊瑚佛珠。

（5）红珊瑚佛珠本身较为疏松，在遭到了重击和碰撞后容易破碎，在存放红珊瑚佛珠时，应该避开和其他金属佛珠或者坚硬的器物存放在一起的情况，以免磨损或致其破碎。

（6）虽然红珊瑚在海底生长形成，可是存放的时候还是要避免碰到水，以免影响其牢固程度，还应该注意避免烈日暴晒。

琉璃佛珠

琉璃也被称为“流璃”。佛经中常把琉璃称为“吠琉璃”“昆瑁璃”“昆头梨”，翻译过来就是“青色宝”“远山宝”“不远山宝”。《一切经音义》曾经解释过其意义：“所言琉璃者，梵语宝名也。须弥山南面是此宝也，其宝青色，莹彻有光，凡物近之，皆同一色……”

琉璃佛珠

琉璃佛珠

琉璃最大的特性就是“同化”作用，许多物品只要靠近琉璃就可能被琉璃所同化。因此，采用琉璃制造的佛珠，寓意了佛教的“同化”立德，之后就被广大佛教信众看成是珍宝了。

琉璃一方面具有晶莹剔透的光泽，另一方面还有让人感觉到无比迷幻的色彩。在造型方面更是非常奇特。正是这些特点让琉璃于光影之中展示出迷幻般的无穷魅力，给人以莫大的精神和视觉享受。早期佛经当中就曾经记载阿育王赠送给佛陀舍利所用的储具便是玻璃、琉璃器。在典籍《法苑珠林》中更有记载："（阿育）王作八万四千金银、琉璃、颇梨箧盛佛舍利。又作八万四千宝瓶以盛此箧……乃至一日之中立八万四千塔，世间人民兴庆无量，共号曰'阿育王塔'。"玻璃制品在中国古代本身就是很珍贵的。另外东汉的王充还曾经记录了"道人消烁五石、作五色之玉"的说法，王充人物玻璃应该是炼丹家在炼丹时无意创造的。

探寻中国琉璃的历史，我们可以发现，古代除有少量自产的琉璃外，主要的琉璃产品都是舶来品。秦汉之前，西域生产的琉璃制品源源不断地传入中国。在春秋战国的墓地和南方楚墓中就曾经发现了琉璃珠，这些是经陆路或海路输入中国的琉璃制品。根据史书《汉书·西域传》中的记载，罽宾国出产"珠玑、珊瑚、虎魄、璧琉璃"。《汉书·地理志》的内容中也有汉武帝时"入

琉璃佛珠

海，市明珠、璧琉璃”的记载。南北朝时期，西域僧人和使臣都有朝贡琉璃的记录。在《梁书·诸夷传》中记录:“天监十八年(519年)，扶南国遣使献火齐珠和郁金、苏合等香;中大通二年(530年)，丹丹国王遣使献舍利、火齐珠、古贝、杂香药等。”唐代对于番邦朝贡此类物品的记录多得数不胜数，但是这些琉璃与火齐珠均为皇家珍藏，民间极难见到，另外不管是水晶还是琉璃，在唐宋之际都是稀罕之物。比如说汶上宝相寺地宫所出土的那件琉璃舍利瓶，有盖和体两部分。盖有纽，高9厘米，短颈，硕腹，浅足，胎质薄脆，色碧，半透明，有汞镀银痕迹，具有非常明显的伊斯兰风格，这可以推断为西域佛国舶来品。另外一只玻璃葫芦形舍利瓶，高3厘米，色白，薄如纸，这种葫芦形状的小瓶也大多来自于外国。这些从外国输入的琉璃，与中国自产者大不相同。

琉璃佛珠

琉璃佛珠

古时候的文献当中经常将“玻璃”与“琉璃”这两种名称混用。这两种器物都有微弱的透明度。《本草纲目》中也将琉璃与火齐珠、云母混同。晋吕静在《韵集》里面就曾经说过：“琉璃，火齐珠也。”现今，琉璃一般是指加入各种氧化物烧制而成的有色玻璃作品。无论是光学玻璃、平板玻璃、水晶玻璃等统称为玻璃工艺品，因为琉璃只是玻璃的一个种类，其材质是人造水晶玻璃，能呈现出晶莹剔透的效果。

现在市场上的琉璃制品越来越多，许多百姓也都拥有了琉璃制品。琉璃多数都是纯手工制作。制作的工艺步骤有构思、设计、雕塑、烧制、细修、打磨等，繁杂的工艺甚至需要47道左右的工序才能完成。先要将原料用1400℃以上的高温，熔制成各种彩色水晶玻璃，之后进行精选清洗，按照一定的用料比例放到模具中，并设定严格的升、降温程序，炉温必须控制在1000℃ ±5℃以内。烧制的时间往往在15天以上，只有这样，才能使水晶原料每个细微处都达到精细奇巧、立体真实、流线飘逸、精美清晰，这样的产品的色彩才有一种独特性。琉璃珠的温润柔和，更加体现了色彩的质感。

琉璃内的颜色都是由各种金属氧化物高温烧结而成的，所以并不用担心褪色、氧化、老化等现象。气泡作品当中存有的气泡更能让作品显得空灵，可以使人更具想象空间，这也是琉璃艺术领域的共识。琉璃都是需要人用“心”进行品味和感受的。

琉璃器藏品保管与养护

（1）在接触琉璃器藏品时，最好佩戴无色的全棉手套，这样能够避免汗液损伤琉璃器。

（2）酸类物质是琉璃器收藏的“大敌”。

（3）平时可将琉璃器藏品放到透明的塑料密封袋内，既可以欣赏，也可以给收藏的工艺品提供一种“小环境”。当然也可以放置在具有硬度的包装盒中进行保存。

（4）避免强光、灰尘、油烟等对琉璃器的直接危害。这些东西都可能侵害琉璃器的肌体，最终导致工艺品的损伤。藏品室内的窗帘要尽量选择那种带有防紫外线功能的布料。有条件的收藏者要避免将琉璃器放置到住宅楼的顶层或地下室。

老琉璃佛珠

琉璃佛珠

琉璃佛珠辨伪

现在仿造的蜻蜓眼琉璃珠较多，珠子的形状有圆形、扁形、橄榄形、方柱形等。鉴定的时候要注意以下的原则：

（1）新仿蜻蜓眼琉璃珠基本上都受到过酸液或 84 消毒液的浸泡，这种器物的表面常常被析出铅或白霜，仔细嗅闻后可以察觉到化学制品的味道，它与正常墓中土沁味不同。

（2）仿珠使用现代工艺制作完成，这和古代的那种加工方法不同，这种新造的珠子在珠形及两端的孔眼方面都是比较规整的，而战国两汉蜻蜓眼琉璃珠采用泥芯成型法，孔眼不可能规整。

（3）仿珠为电炉烧成的现代玻璃料，而战国两汉的珠子火温不够，珠的胎体疏松，表面有气泡孔，上手有干涩和割手的感觉。

（4）仿珠的“皮壳”特征不对。老珠在地下埋藏了2000多年，在珠体外表上有土沁层和五彩蛤蜊光，人为的新仿珠是很难做出自然土沁层和虹彩蛤蜊光的。

（5）看断口：老珠的断口有自然土沁味和虹彩蛤蜊光，而新仿珠的断口只有贼光。

西藏天珠

西藏天珠常被称为“天眼珠”“瑟珠”“瑟瑟珠”。《新唐书》当中就曾经记载道：“吐蕃妇人辫发，戴不瑟瑟珠，云珠之好者，一

天珠

天珠佛珠

珠易一良马。”其中的“瑟”，来自于藏语天珠当中“热”的译音。欧洲人劳弗于1913撰写了《东方绿松石考证》一书，书中对“瑟瑟”一词进行了相对权威的考证。他认为“瑟瑟”一词于唐代时期便有了特殊的含义，可是发展到了后面就仅有“珍贵石头”这一比较普通的含义了，随后他还推测了“瑟瑟”一词的原意，认为是一种表面带有条纹痕迹的缟玛瑙，而这一词可能与藏文词“瑟”，波斯文中的“sjizu”，阿拉伯文中的“Djizu”和梵文中的“Cesha”有关。“瑟瑟”与“瑟”在发音上比较类似，结合藏人对它的极高评价，我们就可以推断藏族的瑟珠就是唐代的“瑟瑟珠”。

西藏天珠

西藏天珠的名称到底出现在哪个朝代呢？现在仍旧难以求证。奥地利藏学家勒内·德·内贝斯基·沃科维茨在1952年出版了《来自西藏的史前珠》，在1953年出版了《西藏的神灵和鬼怪》，这两本书中将天珠称为“猫眼石”。杜宾·路易斯于1986年出版的《珠的历史》一书中，提到这类珠子为“蚀刻或漂白的红玉髓”。现代藏学家格勒在《藏族苯教的神》一文中，称这种珠子为“九眼勒子”。我国台湾学者刘良佑在《天珠探秘》中也曾经提到过，西藏学者一般都把天珠称作“白玛瑙勒子”。台湾天珠商人林东广在1997年出版的《西藏天珠》当中，始终都称其为“天珠”。

西藏天珠出产的主要地区有我国西藏及不丹、拉答克等喜马拉雅山域。天珠源自西藏喜马拉雅山九眼石矿——九眼石页岩，属于沉积岩的一种。这种矿石主要是黏土固结而成的薄页片状岩石，其中有玉质和玛瑙成分，这种半宝石是非常稀有的。天珠在藏语当中发音为“思怡”，翻译过来则是美好、威德、财富的意思。

西藏天珠被佛教信众看成圣洁的宝物。梵文以“昧自尬”称呼天珠，天珠属于藏密的“七宝”，经常用来敬奉佛菩萨。唐太宗贞观十五年(641年)，文成公主下嫁吐蕃赞普松赞干布时，就曾经带了一尊从印度请的佛像。当这尊佛像最终放置到西藏拉萨大昭寺的释迦殿内之后，前来的众多虔诚信众就在佛像上面镶嵌了几百颗不同的天珠，具体类型有三颗九眼天珠，数量繁多的三眼天珠、二眼天珠、宝瓶天珠、虎纹天珠和其他带眼天珠。现在这尊佛像仍安奉于拉萨大昭寺的释迦殿内。

西藏的先民多数将天珠这种稀有的宝石当成是天降之石，属于神创造的物品。有人认为，天珠原本为天神的饰物，只是由于后来出现缺陷或遭遇损毁，最终天神抛弃了天珠，才由天界降落到人间。有人则认为，天珠本身是一种“虫”，这种“虫”固化形成了天珠。藏人在骑马时，如果遇到此“虫”，“虫”便会停止移动，这时候立刻抓起一把沙子往“虫”的身上撒，“虫”

则会变成天珠；如果沙粒并没有撒中“虫”，“虫”则会立刻消失，另外还有人认为远古时期的西藏是一片汪洋，被称为“古地中海”或“特提斯海”。天珠当时是海里的类似贝类、海螺这样的生物，具有外壳与肉身，能够在海里移动。后来经过喜马拉雅山造山运动，海洋隆起变陆地，这种生物也因缺水导致肉身干枯而死，外壳最终变成了天珠。

三眼虎牙天珠佛珠

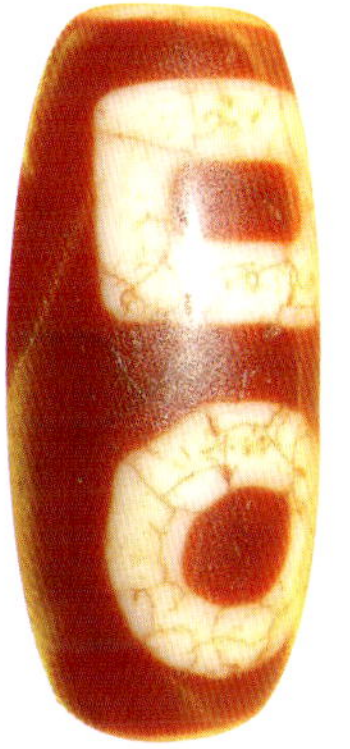
天然底色的天珠

现代物理化学鉴定破解了西藏天珠的奥秘，西藏天珠本身是使用强碱、硝酸等物质蚀刻出来的工艺玛瑙珠。德国的大卫·艾宾豪斯和麦克尔·温斯腾这两位天珠研究专家对自己收藏多年的几百件天珠进行了研究，在 20 世纪 80 年代初出版过一本《藏族的瑟珠》的研究著作，在这本著作中就指出：“就加工技术而言，藏族瑟珠是蚀刻玛瑙珠的一种。”

西藏天珠的制作

蚀刻制作西藏天珠的办法是这样的：首先对玛瑙石的表面进行操作，将图案的模具套上去，之后再贴上带有图案的特殊纸型，在能够保证无关位置不被腐蚀之后，便可以喷洒碱水（如钾碱、铅白碱、碳酸钠），然后进行蚀刻，最后再使用火烧烤，最终珠子表面附着强碱的地方就变成了永不褪色的白色。由于使用的强碱所含的成分有所不同，最终出来的白色也是不相同的。这种增白不仅仅是在表面上釉，在表层的下部同样如此，并深入其中。最终成品制作出来后，有些天珠的白色很明显。例如，在破碎的天珠中，人们能够看到白色的那种渗透的深浅是一样的。

另一种加工技巧是，首先用上述方法将整个珠子蚀成白色，在表面上使用化学制剂（一般使用硝酸铜）画上一种图案，随后用火进行炙烤，此时就会在白色的底子上呈现出黑色图案。被称为“天珠大王”的嘎玛桑珠就曾经将各种类型的天珠送到上海硅酸盐研究所进行化验，结果显示：天珠上面蚀刻的花纹除了有酸碱外，还有硅酸盐（瓷器上的釉的主要成分就是硅酸盐）的成分，这也都证明了天珠的人工加工性。由此可见，将天珠改称为“天人合一珠”，应该是更加准确的说法。

老天珠

天珠制作的工艺

根据采用的工艺类型，一般情况下可以将西藏天珠蚀刻加工的图案区分为 3 个类型：

（1）在天然石头上蚀刻出白色的图案。这一类蚀刻玛瑙珠具有一个明显的特征，就在于变色部分的区别，未经处理的地方颜色肯定是不同的。另外，处理之后两部分含有的化学成分也是不同的。

（2）变白底子上的黑色图案。

（3）在天然石头上面加工获得的黑色图案。

此外还可以把第一类与第二类结合起来做成一个新的变种。这种工艺就是将珠子的一部分变白，然后把黑色的图案蚀刻在珠子变白的部分上，这种工艺步骤称为“生眼”。第一类和第三类也可以结合之后变成新的变种。有时候可以在同一粒珠子上做出黑白相间的图案，可是不同于上面提到的那种重叠方式，这种方式被称为“生形”。

依据西藏天珠的制作工艺，可以把天珠制作分成几个类型：

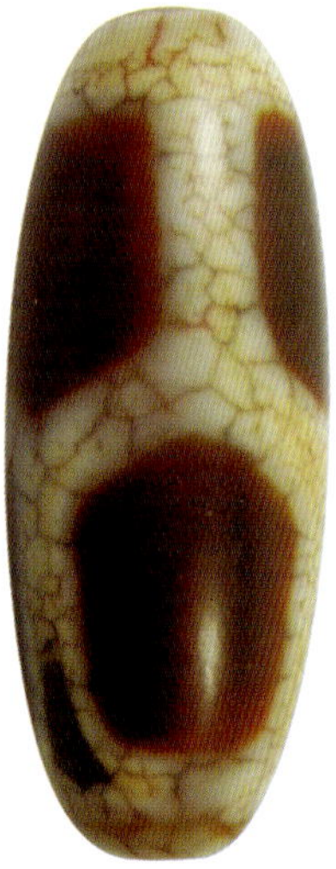

老矿龙纹系列天珠

（1）在色彩为红、黑的玛瑙表面涂抹白色线条的涂料，之后再进行加热。采用这种工艺制作的天珠，年代稍久便会褪色。

（2）在天然玛瑙珠上涂抹可以形成黑色条纹的染料，然后加热制成。这种天珠如果时间长了，也会褪色。

（3）先在天然玛瑙上涂抹碱性化合物，经加热使之“白化”，然后涂抹能够形成黑色条纹的硝酸铜，之后再加热做成。采用这种工艺制作的天珠，哪怕经历了很长的岁月也不容易褪色。

（4）在天然玛瑙的中间部分涂上碱性化合物，在两端并不涂抹颜料，经加热后的中段会完全白化，然后再次在中段涂上硝酸铜，之后加热再做出铁线。使用这种工艺制作的天珠，年代久远也不容易褪色。

（5）在未经处理的天然玛瑙中段涂上碱性化合物、硝酸铜，两端都不用涂料，之后经过一次烧制完成。使用该种工艺制作的天珠时间久了，则容易褪色。

宝瓶天珠

西藏天珠的材料取自于九眼石页岩，上面的每一种图案都带有不同的寓意。西藏天珠的图案造型一般都是模仿古印度婆罗门教及已失传的西藏原始苯教中的护摩法，和那些无法探知的神秘经咒。通常情况下可以划分为息灾的圆形、用以增益的方形、降伏用途的三角形、可以钩召的半月形和表达敬爱之情的莲花形 5 种形状。当然，在这些图案之外，还有若干其他图案。按照具体图案的差异可以将西藏天珠分为以下几种：

（1）宝瓶天珠：还常被称作舍利天珠、永生瓶天珠，这是当中最名贵的，象征着长寿恒久，永生不朽。

（2）莲花天珠：寓意为纯净和远离污染，另外还具有至高无上、清新吉祥、尊贵和平、福慧双全、财富增长的象征。

（3）虎纹天珠：还被称为闪电天珠，这种天珠上有锯齿的纹路，据传说这种天珠有“伏恶”的力量。藏传佛教信徒认为这种佛珠代表了东方的金刚部，可以降伏修持者内心或外在的障碍。

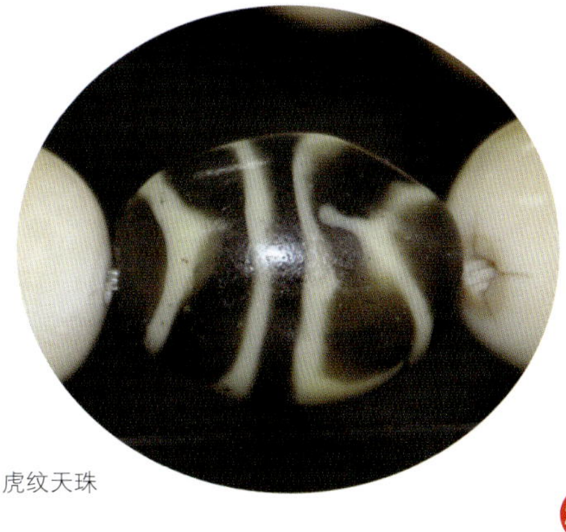

虎纹天珠

（4）马齿天珠：还常被称为金刚部护法天珠、小虎牙天珠。这种天珠上面都有黑色的波纹。马齿天珠在外形上类似虎纹天珠，故而有人将虎纹天珠与马齿天珠合称为“双闪电天珠”。

（5）线形天珠：也常被称为线珠，这种天珠的原始材料是棕色或者白色的天然玛瑙，在这些天然的玛瑙上面镶蚀黑、白两种颜色的条纹，如果将线珠放到阳光下观察时，可以观察到棕色的两端会透光，而黑色和白色的两个条纹完全不透光，才说明这是一颗上选的线珠。不过，很多的线形天珠仅仅是表面镶蚀上薄薄的条纹，在经历了较长的时间后，条纹肯定就会剥落。

（6）羊角天珠：类似于线形天珠，这种天珠采用的原材料都是黑色或深咖啡色的天然玛瑙，在这些玛瑙上面覆盖白色条纹就形成了这种天珠。

（7）天地天珠：迎合了古时候人们“天圆地方”的传统观念，也因为这样，在这种天珠的图案中，圆形图案一般都指代了“天门”，方形图案则指代了“地门”。天地天珠的主要类型包括双地门天珠、天地天珠及双天地天珠，其中最少见的类型为双天地天珠。通常这类佛珠一边为弧面，另一边为平面。当两个地门出现在弧度的一侧时，称为双地门天珠；当天门和地门出现在一侧，另一侧对称出现一样的图案时，这种天珠就被称为双天地天珠。许多生意人喜欢佩戴这类天珠，因为传说这种天珠能够带来财源和安康。

天地天珠

羊眼天珠

（8）圆板珠：还被称为“羊眼天珠”，此种天珠历史最长，流传也最广。圆板珠具体有立体与扁平状两类。一般情况下都将圆板珠称为“鲁密”，直译的意思就是“太阳神霍拉斯的眼睛”。藏族人认为佩戴圆板珠能够抵御邪神的侵扰。圆板珠流传的区域有我国西藏、印度、巴基斯坦、两河流域以及埃及等地。印度人把那些圆形的板状称为眼珠，在他们看来这种珠子能够驱避鬼邪，带来财富和事业的成功。

（9）彩虹天珠：属于罕见而高贵的一种天珠，外形为圆短形，这种天珠的图案由中间的直线与两旁相互对称的波状条纹组成，形状类似古汉字的“水”字，因此这种天珠被称为“水纹天珠”。彩虹天珠同样属于虎纹天珠的一种类型，这种天珠还被称为“罕见虎纹天珠”，在圆形天珠中价值仅次于莲花天珠。

（10）黑白珠：制造的时间在公元前500年，产地主要为印度及巴基斯坦。这种天珠还有黑底白线、白底黑线以及黑白平均分配等类型。

（11）药师天珠：也常被称为圆线珠，这种天珠主要为扁豆形。珠身中间普遍都有白色的条纹，这种天珠可以做成念珠，佛教信众尤其是修持药师法门者多有持用。

专家评鉴

西藏天珠中有一种特殊的类型，来源是古代印度眼文化中提到的“天眼珠”。古代印度人都认为“眼”可以辟邪。事实上天眼珠并不是西藏天珠。天眼珠上面有雕刻的眼位，另外还雕刻有诸如密宗财神咒、八大守护神、六字箴言的梵文。这种天眼珠除了降妖辟邪之外，同时还有招财纳福的含义。天眼珠根据其眼数的多少，可以分为：

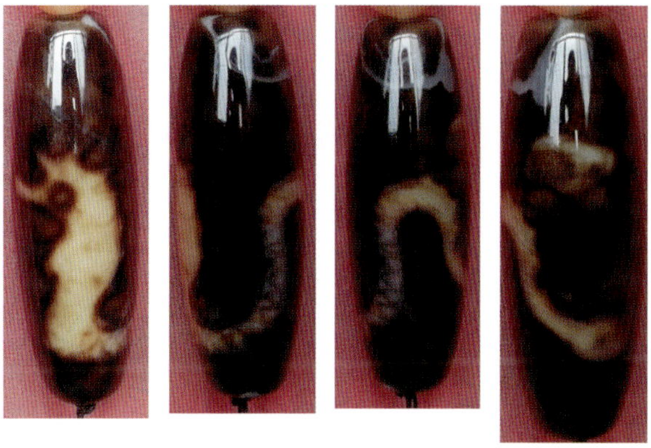
不同底色的天珠

一眼天珠

专家评鉴

一眼天珠，也叫作“单眼天珠”或是“光明灯”，这种天珠的数量稀少。据说能够让人的心绪清明、心情愉悦，智慧增长。这寄托了道德圆满的寓意。

二眼天珠，能够让人们做到言行一致，进而达到理想的目标。寓意和谐共存，夫妻和睦，家庭美满，人际关系良好。

三眼天珠，表征为天时、地利、人和，俗话说“三三不断”。意思就是佩戴的人身、口、意三业圆满，能够让人们的事业圆满而且心想事成。

四眼天珠，代表大悲观音、大智文殊、大愿地藏、大行普贤等四大菩萨。寓意持佩者福慧即增，障碍立除，果道有成，并且地水火风四大调和，生老病死之苦痛得以减轻，灾厄得以消除。

五眼天珠，代表了佛部、莲花部、金刚部、宝生部、羯磨部等五部。意思就是佩戴的人受到了五方诸佛的垂青，最终能够五佛灌顶、五路进财、五福临门、五子登科，事业顺遂，前途光明。

三眼天珠

六眼天珠

专家评鉴

六眼天珠，佛教认为，宇宙是由地、水、火、风、空、识（阴阳）6个方面组成的。另外还暗喻持佩者可以解脱轮回六道之苦，促进六波罗蜜渐次增长。

七眼天珠，代表着天空中的北斗七星，另外还是“药师七佛”的具体表征。同时寓意持佩者可以获得福运和财运，且正法不断增长。

八眼天珠，常被看成是藏传佛教中吉祥八宝之符号。另外还寓意能够受到八大菩萨的帮助，获八正道，终息八部的伤害。

九眼天珠，属于珍贵的品种。寓意佩戴的人能够增长慈悲，具有九乘之功德，对于事业和利益的帮助都是很大的。

十眼天珠，寓意持佩者可以相好圆满，勇气俱足，名声响亮，具有尊贵权势与和平喜乐之兆。

九眼天珠

西藏天珠的净化

西藏天珠佩戴前进行净化是必不可少的程序。可以使用以下方法净化天珠：

（1）先把天珠放到粗盐水中浸泡10～30分钟，然后使用清水彻底冲洗干净。

（2）西藏地区的人们经常使用除障草对天珠进行20分钟的熏蒸。

（3）用檀香油对天珠进行一番擦拭，净化天珠。

（4）把天珠放置于阳光下暴晒1小时左右，以达到净化的目的。

黑色底色的天珠

佛眼天珠

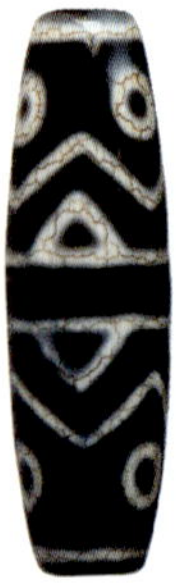

六眼水波纹天珠

西藏天珠的养护

西藏天珠的养护及其注意事项，主要有以下几点：

（1）经常使用檀香油擦拭西藏天珠，这样可以保证天珠处于净化的状态。

（2）涉水或洗澡时尽量避免佩戴西藏天珠，要放好避免受潮。

（3）不能轻易把自己持用或佩戴的西藏天珠借出或让他人随意把玩，若经他人触摸，应将其净化之后再持用佩戴。

（4）如果经过不洁场所或者是参加了婚丧仪式后，一般也应将天珠净化。

真伪西藏天珠的分辨

现在市场上流通的西藏天珠多数都是新近制作的。区别新老天珠可用以下方法：

（1）老天珠制作的年代久远，因此本身都有古老的气息。老天珠外观多是椭圆、肥大的，表面的颜色古沉、色泽分明，而且纹路很清楚。

天珠佛珠

（2）老天珠与空气接触的时间很久，其穿孔处与天珠表面的色泽、光滑程度基本都是一致的，还会有玉质的感觉。色彩多为乳白色或淡黄色，而黑棕色次之。

（3）老天珠因为年代久远可能出现自然风化的情况，因此表面不会太平滑，反射的光感一般。另外，很大一部分的老天珠在表面布有朱砂，朱砂的深浅分布本身都是非常态的，就是说有的朱砂很清晰，而有的却非常模糊。

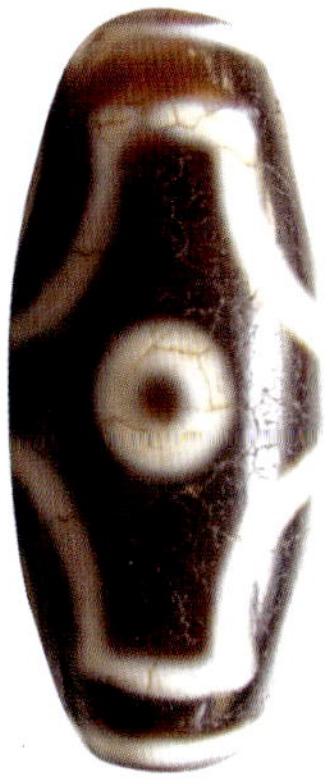
西藏六眼天珠

（4）现在天珠的仿制技术很成熟，单凭肉眼是不容易直接分辨出其真假的。可以将佛珠置入清水中观察，其表面的自然纹路就清晰可辨了。

（5）真品天珠的第一道制作工序就是白化，一般白化后的珠体是完全不透光的，故遇有透光的珠子要谨慎才是。

（6）佛珠镶蚀的工艺具有特殊性，在天珠的表面图腾的边缘，经常都是模糊不清的，因此，图腾线条边缘越是清晰的，越要慎重。

（7）有些天珠的表面非常光亮，类似于瓷化的情况，要谨慎选择。那些表面光洁，非常类似瓷器的珠子，几乎可以断定是仿制品。

虎牙天珠佛珠

天珠佛珠

（8）应该注意那些表面坑坑洼洼、凹陷的、爆裂的珠子，制作成这样的珠子多为现代仿珠，因为将造型做得更加古怪也都是为了冒充老珠，以牟取暴利。

（9）只有那些整体白化的天珠才能够被称作至纯天珠，因此可以在鉴定的时候观察天珠线洞中是不是白色来判断天珠的真假。真品天珠的内部、线洞附近应该都是白色的，还得有一定的厚度，表面深色部分的延伸通常也是比较浅的，更不会深入到线洞的内部之中。

（10）有一些天珠并不是采用镶蚀工艺加工制作的，比方说天眼珠。这种珠子类似翡翠的A货，这种材料从原料到成品，仅有雕刻的过程，不经过漂色、染色等加工工序。一般天眼的颜色有白色、黑色、灰色等。现在市场上经常可以看见一些诸如红色、绿色、褐色等各种奇特颜色的天眼珠，这些都是染色假冒的天眼珠。

（11）不轻信鉴定证书。天珠的鉴定证书通常都没有什么意义。鉴定机构鉴定的内容通常都只是矿石品种，也就是底料的真假，并不会去鉴定使用了哪种制作的工艺或者是否是假冒天珠的。

景泰蓝佛珠

景泰蓝和雕漆、玉雕和象牙雕被称为北京工艺品中的“四大名旦”，都属于工艺美术领域的明珠，而采用景泰蓝工艺制作的景泰蓝佛珠，就是其中的一种。

景泰蓝也常被称作“珐琅”“铜胎掐丝珐琅”。这种工艺品是瓷铜结合的产品，有不同的造型，不但有庄重的图案，而且有豪放的艺术风格。景泰蓝的色彩华丽、釉色均肥、古朴典雅、精美华贵，是一种民族特色明显的传统工艺品。

对于景泰蓝的起源，考古界到现在都还没有明确的认识，多数认为景泰蓝诞生于唐代，另外还有元代忽必烈西征时，从西亚、阿拉伯

景泰蓝佛珠

一带将景泰蓝工艺传入中国的传说。

景泰蓝工艺经历了元、明、清三代王朝的发展，勤劳智慧的工匠艺人利用他们的双手创造了灿烂的景泰蓝文化。旧时的景泰蓝艺术品多提供给贵族和宫廷使用，代表了权力和地位。比方说在紫禁城和皇家园林颐和园里，游人到现在还能够看到遗留下来的为数不多的景泰蓝艺术珍品。清末，景泰蓝工艺品的盛名更是传到了海外。在1904年美国芝加哥世界博览会和1915年巴拿马万国博览会上景泰蓝工艺品就曾经两次获得奖项。新中国成立后，景泰蓝工艺得到了很大的发展。

现在景泰蓝的种类有景泰蓝和花丝景泰蓝两大种，景泰蓝还可以细分成金地景泰蓝和蓝地景泰蓝两大部分; 花丝景泰蓝则有金地花丝、银地花丝和蓝地花丝景泰蓝三大部分；其中花丝景泰蓝中还包括金地泡丝、银地泡丝等。

景泰蓝的制作工艺

景泰蓝的制作往往要通过以下几个步骤来完成：

（1）设计：这个阶段一般都是设计胎图、丝工图纸、蓝图（点蓝的色稿），之后制作成拷贝纸稿，准备给下一道工序进行时使用。

景泰蓝佛珠

（2）制胎：先把紫铜片依据图纸的要求制作成各类形状，使用铁锤制作出各种形状的铜胎，在铜胎的上面做上焊药，经高温焊接后便成为器皿铜胎造型。

（3）掐丝：这一步是使用镊子把压扁之后的细紫铜丝掐、掰做成图案的花纹，先黏附在铜胎上，之后涂上焊药，经900℃的高温焙烧，确保铜丝花纹能够稳固地焊接在胎体上。

景泰蓝佛珠（局部）

（4）点蓝：胎体在经过掐丝工艺后，再经烧焊、酸洗、平活、正丝等工序后，就可以进行点蓝了。点蓝工艺其实就是将事先备好的珐琅釉料，按照设计中说明的颜色，用由铜丝锤制成的小铲形工具填充至焊接完成的铜丝纹饰框架中。

（5）烧蓝：将胎体中的釉填完后，把胎体放到800℃的高炉中烘烧，色釉会逐渐从沙砾状固体慢慢熔化成液体，等到冷却后在胎体上会出现绚丽的色釉，此时色釉低于铜丝高度，因此要重复几次点蓝和烧蓝的工艺，直至将纹样内色釉填到与掐丝纹相平为止。

（6）磨光：这个阶段是使用粗沙石、黄石、木炭等，一共3次将凹凸不平的蓝釉磨平。对于不平的地方进行补釉烧熔之后再进行打磨，最后用木炭、刮刀将没有蓝釉的铜线、底线、口线刮平磨亮。

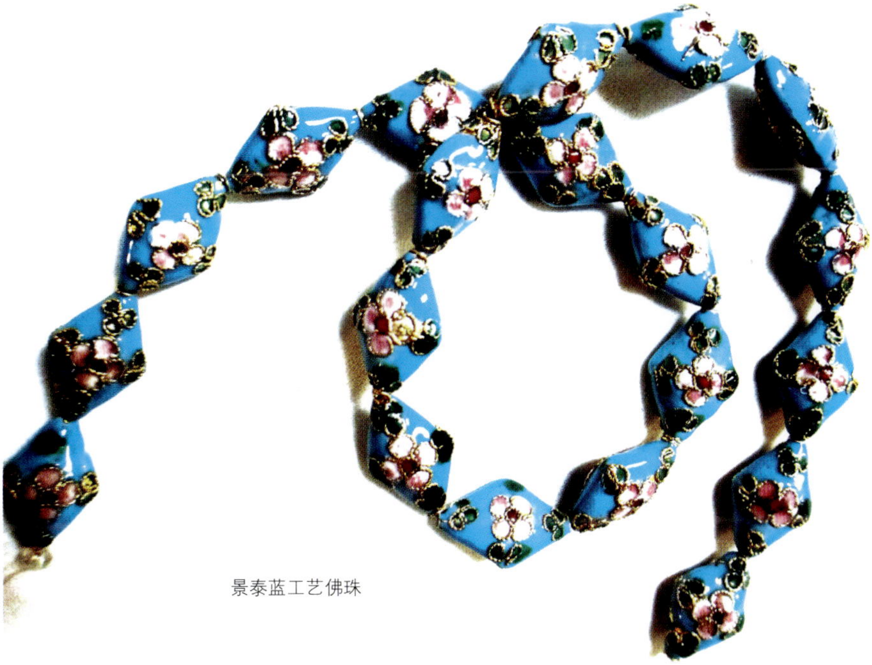

景泰蓝工艺佛珠

景泰蓝佛珠

（7）镀金：将磨平、磨亮的景泰蓝进行酸洗、去污和擦亮，随后放到镀金的液槽中，进行镀金工艺，保证黄金液牢靠地附着在景泰蓝的金属部位上，之后进行水洗、冲净、干燥处理，一件斑斓夺目的景泰蓝佛珠便脱颖而出了。制作完成的景泰蓝佛珠搭配硬木的底座效果会更好，同样可以彰显出景泰蓝佛珠的雍容华贵以及端庄秀美。

景泰蓝的收藏

景泰蓝属于我国的传统工艺品，具有金碧辉煌、晶莹剔透的风格特点，历史上一直备受推崇。近年来，随着人们收藏范围的扩大，景泰蓝工艺品的价值也越来越受到人们的认可。

首先，景泰蓝收藏通常并不是指当代和近代大量采用机器等工具制造的产品，而是指晚清和晚清之前那些使用手工工具制作的景泰蓝。手工工艺制作的景泰蓝需要通过锤胎、掐丝、填料、烧制、磨光、镏金等多项工艺，每一种工艺的要求都是非常高的，只要出现了失误就

花色景泰蓝工艺佛珠

会前功尽弃。尤其是造型奇特的景泰蓝，比方说人物、走兽、景泰蓝瓶件等，制作难度很高，普通工匠都无法完成。所以说，一件上档次的景泰蓝产品制作过程中消耗的人力和物力之大都是不可估量的。

其次，景泰蓝使用的材料都是非常昂贵的，景泰蓝用铜胎，另外还有使用金胎或者是银胎的，珐琅釉材料多是使用天然矿石、宝石加工提炼而成，随后的镀金工艺花费同样是巨大的。景泰蓝的用料和制作工艺以及随之花费的成本，远远超过明清时期的陶瓷制品。

最后，景泰蓝虽然硬，可是本身比较脆，如果出现损坏则无法修补。近年一些大型古玩商场和拍卖公司中出现的明清景泰蓝，多数是从欧洲等地区倒流回我国的。稀少的存世量和广阔的市场需求形成了一个明显的增值空间。

明代的景泰蓝制品被认为是最好的。明代制造的景泰蓝在质料上都是透亮而不发磁的。比方说大绿一色，颜色就很类似于油绿的翠玉；红色更是类似昌化鸡血石；紫色则像深色的紫晶；蓝色类似于蓝靛；

景泰蓝佛珠

白色类似凝脂；黄色很像姜榨出的浆汁掺和一点黄米的颜色。其丝胎都是黄铜，镀金则为火镀。清代乾隆时期的景泰蓝作品多是以黄、白两色为最佳。可是无论使用哪种颜色，其料都是不透亮而发磁，因为明代透亮的料子，到清代时已经用完了，绝对找不到了。其丝胎多是红铜，镀金亦是火镀。

收藏景泰蓝必须要留意作品的年代，在器型的选择上应该尽量选择人物、动物。20 世纪 60 年代就出现了景泰蓝的仿制品，仿制品主要仿造清代乾隆时期以后的器物。景泰蓝主要使用珐琅的色料，伪造者为降低成本，经常使用其他的色料充数。伪造的一般方法是：先制成铜胎，并用铜丝掐成各种图案，接着将普通颜料研磨后填入灼烧，烧成后镀金，再用细石将表面的硬棱磨掉。每一道工艺完成后在表面附加杏干粥促使表面生锈。数十天后把表面的锈除去，使用油脂擦器物的表面，其颜色和光润程度就可与旧器物相混淆，一般这种作假的产品收藏家仔细观察后就能够分出真假。

景泰蓝的保管

景泰蓝工艺品将珐琅釉烧结在金属胎上，最终形成一件复合的工艺制品。珐琅釉的熔点并不固定，只有熔化温度范围；珐琅釉除遭遇强酸和强碱会溶解外，不溶于水及一般常用的酸液和碱液；不透气体和液体等。景泰蓝使用的金属胎主要的材料是红铜，红铜也被称为纯铜，是一种延展性极佳的微红色金属。景泰蓝的金属胎多数都是用铜的合金，比方说铜和铁、铅、锡等混合。

景泰蓝的损害基本来自于机械性破坏（如碰击等）以及珐琅釉料部分或全部脱落，还有粉化、变色、炸裂、失去光泽等现象。珐琅漆发生这些变化的原因多为制作者涂施珐琅釉料的方法不正确、碰撞、金属胎生锈等。

景泰蓝在进行保管的过程中，如果保存的环境中相对湿度或含水量过高，就会腐蚀器物。如果环境中二氧化碳的含量过高，也会腐蚀景泰蓝。因为珐琅器是金属铜与珐琅釉料结合在一起的复合性工艺品，所以也要注意氯化物与氧化物（如氧化铜、氧化亚铜、硫化铜、硫酸铜、氯化亚铜等）对金属胎的损害，因氯化物、氧化物长期作用会导致金属胎锈蚀，从而损害景泰蓝制品。那些遗落在景泰蓝金面上的灰尘，

景泰蓝佛珠

明代景泰蓝佛珠

应用软毛刷或羚羊皮进行清理，切忌用水清洗或使用粗糙的物品进行擦拭。珐琅釉面上的灰尘可以使用软毛刷进行擦拭，以免产生划痕。

一般来说，金属胎珐琅器放置到干燥和低温的环境中更好，还应该保持空气洁净无污染，防止阳光直射。

佛珠的鉴别和收藏

如来证涅，永断于生死。若有至心听，常得无量乐。因得此偈，世尊发大宏愿未来成佛。

佛珠真伪的辨识

按理来说，佛珠是人们诵经和念佛的时候用到的一种法具，每一串佛珠都有这样的作用，故而不存在真伪的问题。这里所说的辨伪其实是对于珠子的质料而言的。

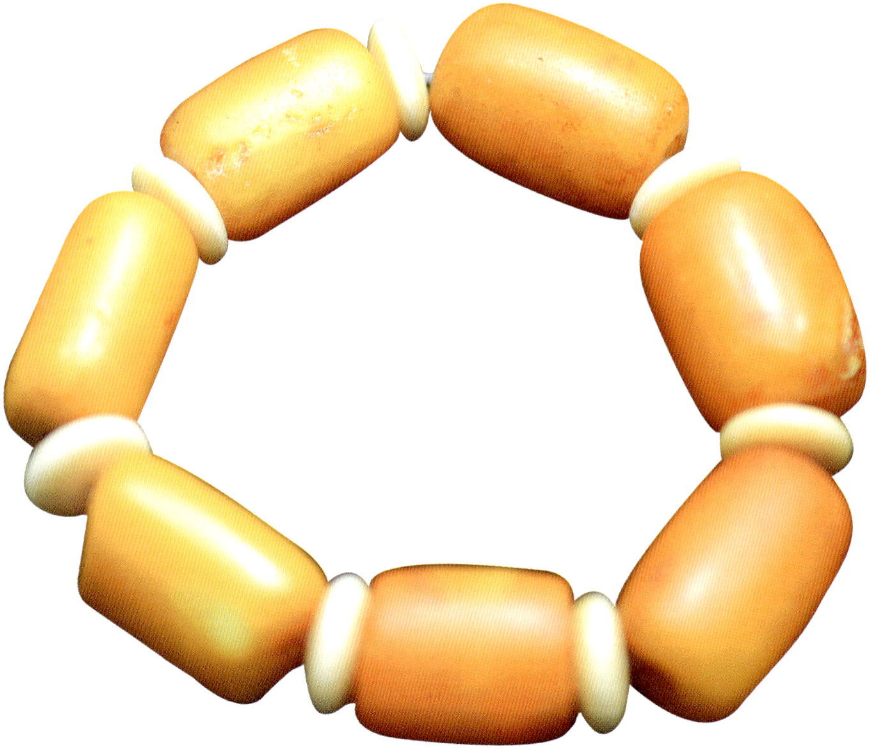

老蜜蜡佛珠

老海螺佛珠
隔片：椰壳
顶珠：绿松石

在佛珠的质料上，真伪问题其实一直都存在。通常伪造的情况有两种：其一是完全仿制，比如说常见的树脂塑料，再配以各种颜色材料仿冒星月菩提佛珠，使用石英玻璃仿冒水晶佛珠，都是这样的情况；其二是将一些价值不高或者个体不大的质料进行进一步的加工，比如说对翡翠、珊瑚、玛瑙进行炝色，把那些小块的琥珀进行高温热熔做成大块的琥珀，来提高价值。下面针对不同的佛珠材料，介绍一下造伪的方式和鉴定的方法。

菩提类佛珠

菩提类佛珠一直都是人们所喜爱的佛珠类型，故而仿制者较多，菩提佛珠当中伪造最多的就是星月菩提。一般来讲，菩提类佛珠是不易被仿制的，因为菩提佛珠基本上都是用植物果实或核类进行制作的，特征明显。当记下菩提种类繁多的名目和特殊性后，进行辨别也会比较容易了。星月菩提本身在菩提佛珠当中需求量最大，造伪的情况也最常见。仿制的星月菩提，多数使用塑料，之后使用颜料和添加剂（产生孔洞来代替星眼、月眼）加工而成，因此，和真正的星月菩提差距是相当明显的。

鉴定这种类型的佛珠，首先要观察，看佛珠的颜色和纹理是不是正常，星月菩提本身是自然界中生长的一种藤本植物的果实，星月菩提有金线、银线、铁线3种颜色，色泽比较暗，没有明显的光泽，而仿制品因为是塑料，因此颜色会比较亮，且拿在手中比较轻。其次，星月菩提属于木本植物，有亲水性，而仿制品是塑料，本身并不亲水，放在水中一看便知；实在不行则可使用火烧的办法，星月菩提烧后呈炭状，而仿制品燃烧时有异味，而且烧后会出现团状物。

四瓣金刚菩提

橄榄核佛珠

果实类佛珠

果实类佛珠可以比较容易地辨别出来，那些使用桃核、橄榄核或椰壳制作的佛珠能够一眼看出端倪。这种佛珠一般没有仿造问题，但是作旧现象是非常常见的。有许多人将新雕刻出的产品浸泡到油中，之后加温和炙熏，最终伪造成看似具有一定年份的旧货，以此来提升价值。

鉴定果实类佛珠是否作旧主要应该看这种佛珠的油色情况。真品旧货佛珠的油色是由内而外散发出来的，整体的光泽非常出众，不黏手；作旧的佛珠只是在油中浸泡过，佛珠的油是从外部到内部的，颜色灰暗，经过一段时间在外部就会出现油膜，非常黏手，如果仔细一闻，便会嗅出一种油类存放过久的怪味。

椰壳佛珠
隔珠：南红玛瑙、象牙
佛头：象牙
弟子珠：南红玛瑙
顶珠：松石

木质类佛珠

木质类佛珠作伪通常是针对人们对每一种木材的纹理和特性知道得不多，进而以次充好。比方说将酸枝木或铁力木、鸡翅木加工成佛珠，假冒紫檀佛珠进行销售。更有甚者，将椴木或香樟木用香料进行浸泡，然后冒充檀香木佛珠出售。这让那些真心喜欢木质佛珠的朋友因为害怕假货而不敢轻易购买。

鉴定这种佛珠还要观察各种木质的纹理和特性，仔细对比之下就能看出端倪。一般来讲，紫檀木的颜色为犀牛角色，年轮是那种不规则的绞丝状，有密集的棕眼，而且本身木质厚重，老的紫檀木用水浸泡后不掉色，打上颜色一擦就可以褪掉，而新紫檀木则相反。酸枝木的颜色更接近于枣红色，年轮纹呈现为直丝状，棕眼比紫檀木更大。

绿檀佛珠

酸枝木的纹理比较类似紫檀，可是仍然有一定的差别，紫檀纵切面的纹理如短卷发，划痕呈紫色，酸枝木的划痕通常为赭褐色。鸡翅木的树干部分中有许多结瘿，有白质黑章纹，鸡翅木的木纹纤细浮动，变化无穷，非常类似鸡翅膀的样子，新的鸡翅木木质粗糙，往往紫色和黑色掺杂其中，纹理更是模糊不清，僵直呆板，木丝很容易龟裂起茬，老的鸡翅木肌理就比较细腻，呈紫褐色，有深浅不一的蟹爪纹。

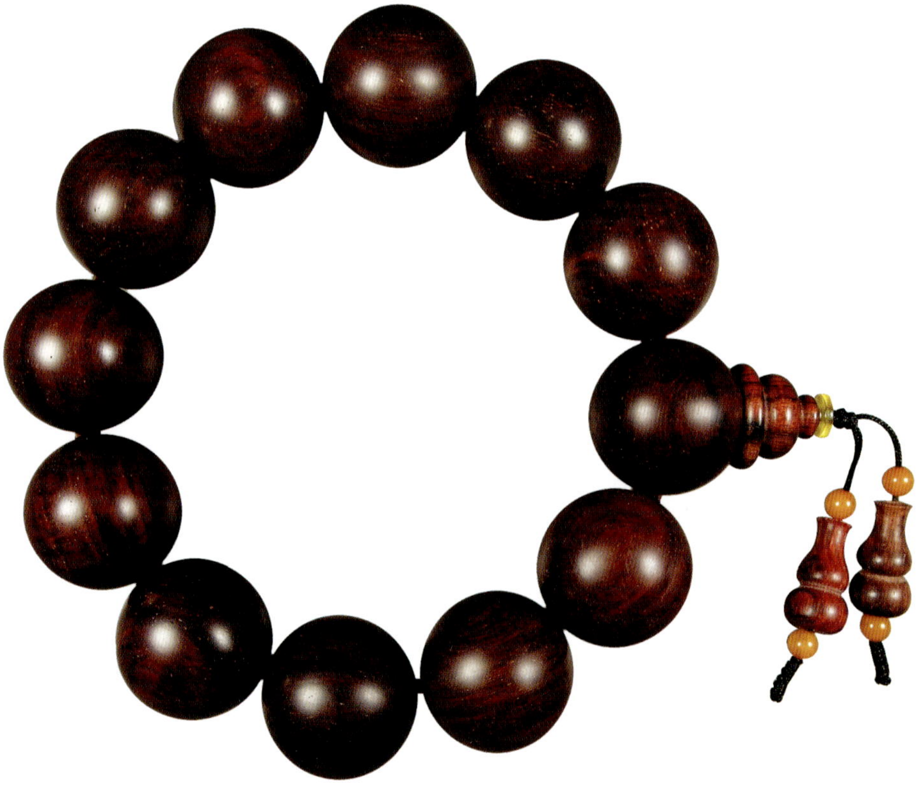

紫檀佛珠

沉香佛珠

木质类佛珠里面比较著名的木材是沉香，当我们清楚沉香的特性、种类与鉴定方法之后，对于沉香的鉴别就容易了。沉香的表面凹凸不平，还有空洞或者是刀痕，能够观察到黑褐色的树脂与黄白色的木材中间的斑纹。孔洞及凹窝表面多呈朽木状。沉香木比较硬实，断面枣状。气味芬芳略带苦味。树干损伤后，真菌侵入寄生在木材当中，因为菌体内酶的作用，木材薄壁细胞当中的淀粉发生化学反应形成香脂之后，多年积淀最终形成沉香。一般情况下，树龄越长，香脂沉积越久，品质自然也就越好。

沉香有6种类型：沉香木在时间和环境的综合作用下，倒伏后还受到了风吹雨淋，最终剩下了不朽的部分，为“倒架”；沉香木倒伏后埋进土中，经过了微生物的分解最终剩下了一些没有腐朽的部分，就被称为“土沉”；倒伏后陷埋于沼泽，微生物分解后从沼泽区打捞出来的木材叫作“水沉”；为活体树经人工砍伐，然后经过白蚁的啃食最终剩余的部分称为“蚁沉”；活树砍伐直接取得的沉香，为“活沉”；树木的树龄很短，时间在10年之下且带有香气的则称为“白木”。以上6种沉香香味各有不同，土沉的味道比较醇厚，倒架的味道则比较清醇，水沉温醇，蚁沉清扬，活沉高亢，白木味清香。

假沉香主要就是冒充水沉，这种沉香比真正的水沉要重，手感非常不自然。假沉香多数都有黑色表皮，伪造工艺出色的话还能带有木纹或木斑，所以越是外形漂亮的沉香，则更加应该注意是否为仿冒品。对于那些带有木纹及含油者，也不能粗略判断为真品。假沉香燃烧时，多数都有香水和香精的那些味道，不够自然，甚至会有酒精挥发性的气味，也有完全没有香精味者，和正品沉香的味道有巨大的差异性，聪明的消费者在购买沉香木的时候，一般会先索要一些削片回家比较再决定。

花梨木佛珠

砗磲佛珠
隔片：椰壳
弟子珠：牦牛骨
顶珠：砗磲

琥珀佛珠

宝石类佛珠

宝玉石类佛珠常见的种类有水晶、翡翠、玉石、玛瑙、绿松石和有机质宝石类，如琥珀、象牙、珊瑚等诸多种类。其中翡翠、珊瑚的伪造最常见，水晶、琥珀、象牙的人工合成同样是很常见的作伪方法。鉴定方法也包括许多种，下面列举部分进行介绍：

（1）水晶：通常都是无色透明的，这是一种带有几何形状的石英晶体，在水晶中都含有金属元素（色素离子）和杂质（包裹体），因此会出现其他的颜色。

察看水晶内有无絮状的绵，可以鉴定是否是正品的水晶，另外每一种水晶经过仔细观察，都会有一些生成的痕迹。制造人工水晶的方法有热液解析法和热熔法两种。现在伪造的技术越来越高了，可以使用激光打制出各种颜色，人工仿制的水晶与天然水晶最明显的区别在于硬度。可以采用硬度笔进行测试。那些合成水晶中经常能发现大量的气泡，而各类水晶都有不同形状的气泡，高倍放大镜可以清楚地看到。

水晶佛珠

翡翠佛珠

（2）翡翠：自然界发现的翡翠原石通常都是色白而少绿的，伪造的时候也往往在“绿”上下功夫。通常伪造都是在白色的翡翠上“炝色”，来提高价值。炝色的翡翠颜色没有天然翡翠泽那样柔和，色彩通常都是过分的浓艳，也会给人们的视觉带来不舒服的感觉，俗称“发贼”。当然有一些炝得比较成功的，如果辨别起来确实困难，可采用查尔斯滤色仪，辨别比较容易。还可能有采用其他种玉石材料仿冒翡翠的例子，测量比重是区分真假料的最好方法，通常情况下，翡翠的比重大于3(平均值为3.33)，而其他玉料均小于3。一般来说，翡翠抛光之后的光洁度会超过其他玉石。

（3）琥珀：因琥珀具有硬度小（极易损坏，端口为贝壳状）、比重小（浮于饱和食盐水之上）、150℃软化（小块琥珀熔为大块的琥珀）、250 ~ 300℃熔化（用许多小块琥珀来熔成一大块琥珀）的特点，通过这 4 个方面的特征就可以判断出真假。人工加工的琥珀和天然琥珀的最大区别在于：人工琥珀在颜色和光泽方面远逊于天然琥珀，整体颜色暗淡，且容易发污，总有一种未洗涤干净的感觉。此外，天然琥珀当中含有的杂质（俗称“柳”）生成得比较自然，通常人们都用“遇柳雕花”的谚语来表达，而仿制品的杂质则显得呆板且比较单调。

琥珀佛珠

象牙佛珠

（4）象牙：象牙白色坚硬，使用象牙制造的佛珠冬天不冰，夏天不燥，持握和把玩都很舒服。象牙取材的阶段不同，象牙的表皮颜色区别非常明显，常见的象牙类型有白皮象牙、黄皮象牙、黑皮象牙。新象牙一般都是洁白色，象牙的表皮是非常滑润的，象牙表面具有直条纹和网状纹路，无骨眼，比重大。使用兽骨伪造的象牙通常是无纹路的，即使有也粗细一致，不交叉。

珊瑚佛珠

老象牙经过时间的作用后会变为深黄色，由于气候等因素影响，则会出现细密的裂纹。观察象牙的色泽和断裂纹可以直接判断出真伪。

（5）珊瑚：珊瑚通常都有同心圆形的花纹结构，鉴定珊瑚的时候也要观察花纹（表面为萝卜纹）和硬度（硬度仅为 3.5）。珊瑚的品质一般都是颜色越红价值则越高，因此有人将白珊瑚染红来提升价格。鉴定珊瑚的真伪只需要将稀释的酸溶液滴到珊瑚上，然后观察是否有气泡产生的情况，再观察颜色的变化情况，是否作伪就比较清楚了。

佛珠使用的注意事项

佛教有一种观点：手持的佛珠材质不同，修行持诵后获取的功德也会有所不同。《佛说校量数珠功德经》曾经有详细的记载内容："汝等善听，我今演说受持数珠校量功德获益差别。若有诵念诸陀罗尼及佛名者，为欲自利及护他人，速求诸法得成验者，其数珠法，应有如是，须当受持。若用铁为数珠者，诵掐一遍，得福五倍。若用赤铜为数珠者，诵掐一遍，得福十倍。若用真珠、珊瑚等为数珠者，诵掐一遍，得福百倍。若用木槵子为数珠者，诵掐一遍，得福千倍。"《摄真实经·建立道场

六瓣金刚菩提子佛珠
隔片：琉璃
佛头：白蜜蜡
弟子珠：椰壳

发愿品》的内容中也有详细描述："香木之念珠，得一分之福；俞石、铜、铁等，得二分福；水精、真珠，得一俱胝分；莲花子、金刚子，得二俱胝分；间错种种诸宝及菩提子念珠，于诸功德中最为殊胜，得无量无边不可说之福德。"《陀罗尼集经》则将水晶佛珠作为修行的佛珠最上品。莲花生大师曾经说过："上等为珍宝，中等为树果，下等为木头、土石与药物。"

不同佛教流派对佛珠的材料选择也是不一样的。另外不同佛教宗派所持用的佛珠也都有不同规定。

菩提根佛珠

金刚菩提子佛珠
隔珠：老南红玛瑙
佛头：老象牙

莲花生大师认为，根据怀、诛、息、增的不同事业，选用的佛珠材质同样也要进行区别。最常见的有：怀业部用铜、珊瑚以及红檀香等；诛业部会使用热夏（刺树果）、龙堂（油患子）以及人骨等材质；息业部大多利用水晶、贝壳、青金石、海螺等；增业部用金、银、象骨等材质。

“静虑离妄念，持珠当心上”。当人们念佛、持咒的时候要专心。这个意思就是“相由心生，境由心转，心系诸佛，珠可助道”，而且我们要明白：佛珠仅仅是人们修行时采用的工具，佛珠的颗数、构造

老蜜蜡佛珠
隔片：藏银

和质地也仅仅是修行的助缘，不能过分纠结于此。如果想要一心向佛，做好修行和内心的清静，用任何一种佛珠都是无所谓的。

佛珠是弘法最简便的法器，因此历史上的得道高僧都采用佛珠弘扬佛法。佛珠常见的3个种类是持珠、佩珠、挂珠，多数情况下人们都使用持珠。

持珠有两种姿势：单手持珠与双手持珠。单手持珠一般都是在站立、经行的时候；而双手持珠一般都是在打坐时常用到的姿势。一般都是把佛珠放到两手中间，呈交叉状，把母珠放在一侧，然后沿着一侧进行掐捻，回至原处即可。如果按照《佛像图鉴》中的描述，历史上的得道高僧对于掐捻佛珠的姿势并无定法，左手、右手、单手、双手、提高、垂下、平胸、齐膝，有很多不同的姿势，其实都是为了“方便”而已，因此我们在持珠的时候也不要拘泥于特定方式了。

佛珠保存的注意事项

收藏佛珠最需要注重的事项就是保养，收藏前就得进行一些预先的处理程序，方可放心收藏。

佛珠有许多不同的种类，从保养的方法归纳则要区分宝玉石类、竹木果实类和象牙、犀角、珊瑚等有机类三大类别。相对而言，宝玉石类佛珠收藏要避免相互碰撞，行内人士讲玉器最怕“说话”，说的就是这个道理。宝石的硬度很高，玉石的硬度则相对较低，平时如果保养不够，好点的是磨花，影响美观；严重的情况则可能出现伤痕，不可不注意。如果表面出现了灰尘、污垢或油渍时，就应该使用软毛刷进行清理，先使用淡肥皂水洗刷，然后使用清水洗净，切忌使用化学除油剂。对于那些长期存放的情况，则应该放到专用袋或囊内，并保持适宜的温度与湿度。

老星月菩提子佛珠

竹木果实类佛珠的保养必须着重注意温度和湿度的调节。温度保持在 20℃，相对湿度在 55％ ~60％是比较合适的。温度过高可能加速材料的化学和物理反应速率，让材料最终变脆或者是裂开；而湿度过高时，则可导致水分含量增加，佛珠的体积出现膨胀，微生物与害虫可能汲取材料的养分而大量繁殖。平日就应该主动清理器物上的微生物，保养的时候使用蜂蜡、亚麻仁油等刷洗表面，达到防水的功效，加以保护。

湿度过低对器物同样会有损伤，木质类材质通常都是吸水性物质，材料本身含有 14％ ~ 15％的水分，含水量过低则可能导致佛珠体积收缩，之后因为本身物理力的作用，而扭曲变形、开裂。另外，强光线当中的紫外线与蓝紫等色的可见光都可能对材质产生光解的作用，进

老灵骨佛珠
隔珠：南红玛瑙
隔片：椰壳、925 银
佛头：珊瑚
顶珠：蜜蜡

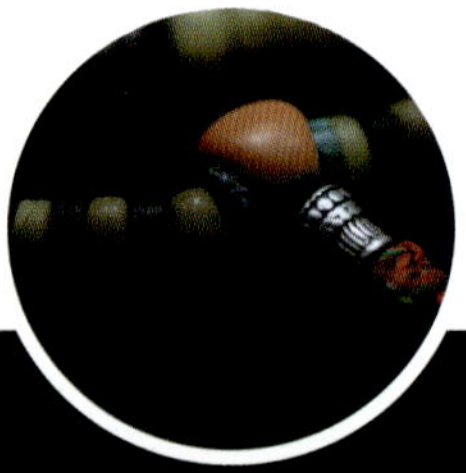

鸡油黄蜜蜡佛珠

一步损伤竹木等物质组成分子间的结合链，改变分子的结构，最终导致有害的化学变化。木质类佛珠表面带有的灰尘，通常可以使用驼毛刷或羊毛刷进行清理。另外有些木质坚硬，染污后，则可以使用肥皂水或盐水清洗，洗净后马上擦干，在表面打蜡或者是涂抹亚麻仁油进行处理。木珠平时尽量不要沾水，因为木质的材料可能吸水膨胀，这个时候可以利用湿布或清洁剂进行擦除。木质类佛珠如果出现了裂纹不进行填物修补，裂纹则可能进一步出现问题，比方说碰到断裂或呈薄片开裂掀起，则可以使用具有防水作用的硝酸纤维素胶黏结。缺失的部分，可以使用环氧树脂掺木屑或塑胶木屑进行填充，随后还要装饰和涂装填补部位，保证周围和未修补部位的纹饰及颜色保持一致。

象牙、犀角、珊瑚属于有机物，象牙、珊瑚的主要成分则是碳酸钙，犀角为角质素。通常有机物制品都是很容易损坏的，平时一方面要防止碰撞、摔落、火烧、浸水等人为损坏，另一方面收藏的环境还要避免忽冷、忽热、过干、过湿或者强光，这些因素都可能导致佛珠出现褪色、开裂、脱片、变形、老朽以致粉碎等损坏。

保存工艺品佛珠的合理温度在 5 ~ 10℃，相对湿度则可以保持在 55% ~ 60%。温度升高可能会导致有机物质的物理和化学反应，时间一久佛珠则可能开裂，最终出现老化和脆化的现象；如湿度忽高忽低，一样会对佛珠造成损坏。工艺品佛珠平时对于湿度的反应尤其敏感，因为这类佛珠本身就有一定的水分，且具吸水性，外界湿度的升降会直接导致器物内含水量的变化，进而让器物的体积出现膨胀或收缩，频繁变化的湿度将直接导致器物出现因过度胀缩，最终导致器物的龟裂或变形。

蜜蜡佛珠

多宝佛珠
隔珠：砗磲、松石
隔片：南红玛瑙
佛头：南红玛瑙
顶珠：蜜蜡

工艺品佛珠应置于软囊盒中，放一些防蛀的药物。对于一些佛珠的脏污痕迹，可以使用干洗液清洁，如用酒精或三氯乙烷先行涂抹到佛珠上，待溶液挥发后，上蜡进行抛光，则可以保证光亮的恢复。象牙佛珠变黄的时候就不适合清洗或做漂白处理了，这些颜色都代表了年份，且有古雅之意。

空气温、湿度加剧，都可能会造成某些材质的佛珠产生裂痕，当气温情况发生转变时，有的裂缝可能会重新合拢，因此不适合填料修补，因为填充可能导致原有缝隙开裂扩大，或者是更多裂纹的出现。牙角佛珠的开裂位置一般都使用快干且适度的防水防热的硝酸纤维素胶进行黏合，合成胶对于精细位置的填补效果明显。这种胶水使用简单，而且容易被丙酮溶剂溶解洗除。佛珠的表层如果出现薄片开裂甚至是脱落的情况，也可以使用 PVA 合成树脂灌注到开裂的区域，促使裂痕的愈合。

椰壳佛珠（局部）

椰壳佛珠
隔片：象牙、松石
佛头：黑曜石
弟子珠：砗磲、藏银
顶珠：南红玛瑙

后记

佛珠是佛教文化的符号之一，而且携带简便，同时含有深厚的宗教内涵，佛珠因此成了喜欢佛教文化、热爱佛教文化民众的最爱。

走上街头，随时都能看到时尚的青年男女腕上和脖间佩戴的佛珠，佛珠俨然成为了流行和时尚的代名词。

为了保证本书的专业品质，我们特意咨询了佛珠收藏界的专业人士，并拜访了位于天津市南开区古文化街古玩城的左客藏品艺术工作室的经营者胡滨、吕宁先生。当我们表明来意之后，胡先生与吕先生欣然同意了我们的请求，并带领我们参观了店内的藏品。参观时，编者看到了玛瑙、菩提、砗磲等多种名贵材料制作的佛珠，名贵的材料经过精湛的加工，最终制造出来的佛珠便成为了独一无二的艺术品，价值堪比金玉。为保证图书品质的精益求精，我们寻求左客藏品的支持，左客藏品欣然为本书提供了大量珍贵的资料图片。我们在此感谢左客藏品对我们工作的理解和支持！

如果我们在繁忙的工作之余，能够在手中把玩一串精致的佛珠，那种感觉肯定是超然而惬意的。佛珠是一件器物，却又不是普通的器物，希望读者朋友通过阅读本书而了解佛珠，提高鉴赏和收藏佛珠的能力。我们更加期待和读者朋友进行进一步的交流！

总 策 划

王丙杰　贾振明

责任编辑

张建平

排版制作

腾飞文化公司

编 委 会（排序不分先后）

玮　珏　苏　易　陆一航

白　羽　吕陌涵　白若雯

田　源　孟俊炜　鲁小娴

图片提供

胡滨　吕宁

天津市南开区古玩市场左客藏品艺术工作室

明心问道